science・i

家族で楽しむ おもしろ科学実験

キッチンで作って・食べて・科学する

サイエンスプラス
尾嶋好美

SoftBank Creative

著者プロフィール

サイエンスプラス/尾嶋 好美（おじま よしみ）

サイエンスプラス代表。北海道大学農学部卒業。同大学院修了。アメリカと日本で理科教育に携わる。現在は、子どもたち向けの科学実験教室から、科学実験を用いた社員研修まで、体験しながら学ぶことを大切にした活動を行っている。一男一女の母。

本文デザイン・アートディレクション：**クニメディア株式会社**
カバー・本文イラスト：**高橋より**
写真：**市原達也**

はじめに

「科学はわからないし、自分には関係ない」というあなた。今日、なにか飲んだり、食べたりしなかった？　そのままでは食べられない生米を、炊くとおいしく食べられるようになるのは「科学」。生卵がゆで卵になるのも「科学」。コーヒーにミルクが混ざるのだって「科学」。そう、科学は私たちにとって、とてもとても身近なもの。科学者だけが「科学」をしているのではなく、私たちだって、毎日ごくふつうに「科学」をしている。科学実験は、実験室で特別な道具をそろえないとできないことじゃなくって、キッチンでふだん使っているお料理道具でだって、気軽にできる。

キッチンでの料理と科学実験の違いは、ほんの少しだけ。料理の目的は「おいしいものを作ること」。今日作るものと明日作るものの味が違っても、おいしければそれでいい。まずくなった原因を突きとめる必要はない。一方、科学実験で大切なのは、結果に再現性があるかどうかいうことと、結果を検証するかどうかということ。

科学実験は誰がいつ、どこでやっても、同じ結果が得られることが大切。いつでもその結果を再現できるという「再現性」がなければ、科学実験にはならない。そして、どうしてそうなったのかをきちんと検証していくことも大切。キッチンで行う科学実験では、火加減や、材料の混ぜ方、使う食材などをすべて同じ条件にするのが難しい。だから、この本の手順どおりに実験をしてみても、結果が書いてあることと違ってしまうことがあるはず。その場合には、「理論上はこうなるはずなのに、なぜ違ってしまったのか？」をぜひ考えてみて。これが、実験を検証するということ。

21世紀を生きるうえで必要なのは、自分で考える力だとよくいわれる。でも、自分で考える力はなにもしなくても身につくというようなものではなく、トレーニングが必要。実際に自分で実験をしてみて、結果が予想と違ったときに、「どうしてだろう？」と考えて、いろいろな原因を探るのは、「自分で考える力」をきたえる練習になる。

そしてもう1つ、インターネットが発達したいまの時代に必要だとされているのは、誰でもすぐに取りだせるような「知識」ではなく、その知識を活用する力。「βデンプンは加熱するとαデンプンになる」というのは、誰でもすぐに取りだせるけど、そのうち忘れてしまう程度の「知識」。でも、実際に「つぶあんを作る実験」を行うとなると、手を動かして、見て、嗅いで、食べて、と五感を使って深く学ぶことになるので、忘れにくい。体験して学んだ知識は忘れにくく、深く理解しているので活用が可能になるはず。

ね、科学実験は、「考える力」と「知識を活用する力」を身につけるためのとてもいい方法じゃない？

この本は、家庭で気軽にでき、最終的に食べることのできる実験を30個、取りあげた(すべてがおいしく食べられるというわけではないけど、食べることはできる ^ ^)。ふつう、科学実験本に載っている実験の多くは、特別な道具を用意する必要があったりするけれど、ここに載せた実験は、一般家庭にあるものでできるものばかり。「さつま揚げを作ろう」など、「実験というよりも、料理では?」と思うような実験もある。でも、さつま揚げ作りは、魚のタンパク質が食塩を入れることによって変化することが重要。この変化はまさしく「科学」でしょ? 「ブルーベリーパンケーキを作ろう」では、アルカリ性と酸性でさっと色が変わるのが確認でき、まさに実験気分が味わえる。

科学的にどのようなことが起こっているかを知ると、料理の失敗は少なくなるし、おいしく作れるようになるはず。圧力鍋で作るとなめらかなプリンになるという実験は、茶碗蒸しなどほかのメニューにも応用がきくしね。

繰り返しになるけど、「科学」は専門家だけが扱う特別なものではなく、私たちがふだん、なにげなく行っている料理も充分に「科学」なのよ! この本を読むだけではなく、ぜひ1つでも2つでも実際に実験をやってみて。字で説明されてもやる気になれないと思うので、全編、作り方もイラスト入り!(^ ^)。 キッチンで楽しみながら実験していただければ、著者として、とてもとてもうれしいから。

サイエンスプラス/尾嶋好美

家族で楽しむおもしろ科学実験

キッチンで作って・食べて・科学する

CONTENTS

SoftBank Creative

CONTENTS

実験を始める前に

この本の実験を行うためには、特別な道具は必要ないとはいっても、計量スプーン、計量カップ、はかりは必要。

内容を数字で具体的に記載することは、科学実験の基礎中の基礎。料理の場合は、「こんなもんでいいかな」で、材料の量は適当でもかまわないけれど、科学実験の場合、材料をきちんと量るのが大切。なにをどれだけ入れたのかがわからなければ、失敗したときに、検証しようがない。

自分の好みの味になるように、材料を変える、加熱時間を延ばしてみるなど、実験条件を変えるときも、かならず使った材料の量や時間を計量・計測し、メモを取っておくのがポイント。自分好みの味になったとしても、材料を適当に混ぜてしまっていると再現性がないからね。

科学実験では算数の勉強も同時にすることもできる。「グミをたくさん作りたいから、材料を3倍にしよう！」と思ったら、粉ゼラチンの量や砂糖の量などを3倍にする必要があって、かけ算をしなければならないからね。大さじ（15cc）を6杯入れることになったときには、何ccになるかを計算して、計量カップで量って入れ

てもいいし、水ならばはかりで何グラムになるかを計算して入れてもいいわけで、かけ算を使えば手早く実験ができるようになる。
基本的には安全な実験が多いんだけど、料理と同じで加熱するものが多いので、やけどには十分に注意して！　特にあめやキャラメルを作るときには、100℃以上の高温になっているうえに、粘りがあるので、肌に直接つくと、やけどをしてしまう。加熱をともなう実験は、子どもだけで行うのは危険なので、かならず大人といっしょにやってね。
Ｔシャツでアイスクリームを作る実験など、やり方がちょっとわかりにくいかなと思うものは、サイエンスプラスのホームページで確認してみて！　では、キッチンでLet's Try！

サイエンスプラス
http://www.scienceplus.co.jp/

かならず読んでね！

・フライパンや圧力鍋、電子レンジなどを使う実験では、やけどをする場合があります。お子さんは、かならず料理に慣れたお母さん・お父さんといっしょに実験をしてください。

・実験は、室内の温度や使用する材料によって、うまくいかないこともあります。たとえばマヨネーズを作る実験では、サラダ油の代わりに別の油を使うと、マヨネーズにならないことも。また夏場はどうしても室内の温度が高くなり、固まるものが固まらないこともあります。キッチンの温度を25℃ぐらいにして、実験をしてください。

・実験がうまくいかなくて材料がムダになっても、著者および編集部はいっさい責任をもてません。材料の分量や手順は、きちんと守って実験してください。

・本書では食べられる実験ばかりを紹介していますが、あくまでも実験が目的であり、食べるのが目的ではありません。実験によっては、味よりも結果を重視して紹介しているものもあります。このため味の保証や体調を崩した際の補償などはできかねますので、あらかじめご了承ください。

第１章

キッチンでLet's Try
～駄菓子編～

子どもたちが大好きな甘～い駄菓子。グミやあめを作る実験をすれば、かならず理科に興味をもち始めるはず！　危ないことでなければ手伝わせて、ぜひ駄菓子ができる過程と、それがどういうことなのかを教えてあげてね。きっと、すぐ次の実験をやりたくなるから！

おもしろ科学実験 No.1　難易度 ★★

①溶けたり、固まったり

肌に張りがないと感じたら、なにをする？　とりあえずコラーゲンを摂らなくちゃって思うよね。ゼラチンは、もともとはコラーゲン。そしてグミには、ゼラチンがたくさん含まれている。グミはお肌にいいってこと!?

実は、コラーゲンを摂取すると肌にいいかどうかは、いまのところ科学的には証明はされていない。

人間は、食べ物の中のタンパク質を腸内で分解してアミノ酸にする。そして、そのアミノ酸を材料にして、いろいろなタンパク質を作りだしている。コラーゲンを摂取しても、腸内でアミノ酸に分解される。そのアミノ酸で、お肌のコラーゲンが作られるかどうかはわからない。筋肉のタンパク質が作られるかもしれないし、髪の毛のタンパク質が作られるかもしれない。

一方、コラーゲンじゃないほかのタンパク質を摂取しても、アミノ酸に分解されて、コラーゲンの原料となる。つまり、肌のためには、コラーゲンでなくてもいいから、十分な量のタンパク質の摂取が重要ということ。コラーゲンを食べるのは「タンパク質の補給源になるので、お肌にもいいかもしれない」ってとこかな。ちなみにコラーゲンを肌にぬると保湿性が高まるのは、科学的に証明されてるよ。

この実験で学べること

ゼラチンの状態変化。ゼラチンの分子は温度が高いとからまりながらも動くが、温度が低くなると動かなくなってしまう。

②グミを作ろう！

★材料

粉ゼラチン：15g、ジュース：100ml、砂糖：30g

★必要なもの

製氷皿、耐熱容器

★作り方

①. ジュースを電子レンジで1分加熱する

②. 砂糖とゼラチンを加えて、よくかき混ぜる

（よく混ざらなかった場合は、もう一度電子レンジで20秒ほど加熱する）

③. 製氷皿に入れ、1時間ほど冷蔵庫で固める

★ワンポイント

・現在市販されているゼラチンは、ふやかさないでも溶けるように改良されているものが多いので、加熱したジュースにそのまま溶かすことができる

・2種類のジュースを使って、最初の分が固まったあとで、もう1種類を入れると2層グミに！　最初の分が固まる前に、次の分を入れて混ぜればマーブルグミに！

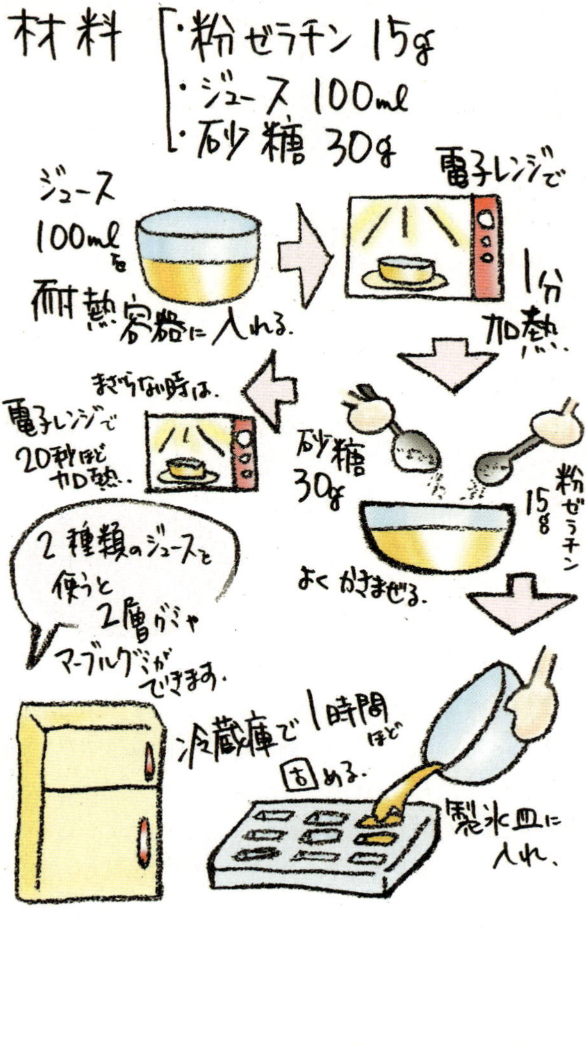
材料
・粉ゼラチン 15g
・ジュース 100ml
・砂糖 30g
ジュース 100mlを耐熱容器に入れる。
電子レンジで
1分加熱。
まざらない時は、
電子レンジで20秒ほど加熱。
砂糖 30g
粉ゼラチン 15g
よくかきまぜる。
2種類のジュースを使うと2層グミやマーブルグミができます。
製氷皿に入れ、
冷蔵庫で1時間ほど固める。

③どうしてゼラチンは固まるの？

ゼラチンは、動物の骨や皮に含まれるコラーゲンから作られている。コラーゲンは、アミノ酸がずらっとつながった細長い分子が、3本よりあわさった縄状になっている。このためとても強いし、水に溶けない。

でもコラーゲンを長時間加熱すると、3本の分子がほぐれてバラバラの状態になり、水に溶けるようになる。これがゼラチン。バラバラになった分子はお互いにからまりあって、網目構造を作る。そして、その中に水などが取り込まれる。

ゼラチンは、温かい液体の中に溶かして使う。液体の温度が高い間は、それぞれの分子がからまりながらも動くことができるんだけど、温度が下がるとからまったまま、動けなくなる。だから、ゼラチンを入れたものは冷やすと固まる。

魚や肉を煮たものを冷蔵庫に入れておくと、ゼリーのような「煮こごり」ができるよね。これは魚や肉の中のコラーゲンが料理中にゼラチンに変わり、そのあと、冷蔵庫の中で冷えて固まったというわけ。煮こごりは温めると溶けるし、ゼリーも温めると溶ける。これは、また分子が動けるようになったから。このように、コラーゲン分子は固まったり、動いたりを繰り返すことができる。

とはいえ、あまりに高熱で加熱しすぎると、分子自体の構造が変わってしまうので、からまりあうことができなくなってしまう。だから、ゼラチン液を沸騰させると、固まりにくくなってしまう。

ゼリーやグミを作ったあとの洗い物は、温かいお湯でするのがおすすめ。コラーゲン分子がまた動きだして、流れてくれるからね〜。

動物の骨や皮にあるコラーゲンからゼラチンが作られる。
コラーゲンを加熱してとかす。
動いている。
からまったゼラチン

おもしろ科学実験 No.2　難易度 ★☆☆

①生では食べちゃだめ！

日本って大豆製品がたくさんあるよね。納豆でしょ、豆腐でしょ、味噌でしょ、しょう油でしょ。発泡酒にだって大豆が使われているものがあるし、枝豆だって大豆だもんね。

「大豆は畑の肉」といわれるように、タンパク質が豊富な豆なんだけど、生の大豆をそのまま食べるとおなかをこわしちゃう人もいる。だから、いろいろと加工する必要がある。すべての加工に共通するのは、「熱を加えること」。納豆や味噌、しょう油は一度ゆでたり蒸したりしたものを発酵させているし、豆乳だって蒸した大豆を使っている。

きなこは、炒った大豆をすりつぶしたもの。きなこを使うときは買ってきてしまうことが多いけど、炒り豆をすりつぶすと、香りがいい。挽きたてのコーヒー豆のほうが、挽いてからしばらくたったものよりも香りがいいのと同じなんだろうね。

生の大豆を炒ってすりつぶすとなると、ちょっとめんどうだけど、炒った大豆は手に入りやすい。節分のときの豆。あれが炒ってある大豆。コーヒーと違って挽き方を気にしなくていいから、フードプロセッサーで粉々にしてしまえばいい。すごく簡単！

この実験で学べること

加熱によるタンパク質の構造変化。タンパク質は構造が変わると、働き方も変わり、性質も変わる。

②きなこを作ろう！

★材料

炒り大豆

★必要なもの

フードプロセッサー、目の細かいざる

★作り方

①. 炒り大豆をフードプロセッサーで砕く

②. ざるでふるって皮を取り除く

★きなこあめを作ってみよう！

★材料

きなこ：50g、水あめ：50g、打ち粉用きなこ：少々

★作り方

①. 水あめを耐熱容器に入れ、電子レンジで1分加熱する

②. 取りだして、きなこを加え、よく混ぜる

③. きなこをまな板に広げて、その上に②を厚さ5mmくらいに伸ばして、そのまま室温で放置

④. 固まったら、切り離してねじる

⑤. 冷蔵庫に入れて、さらに固める

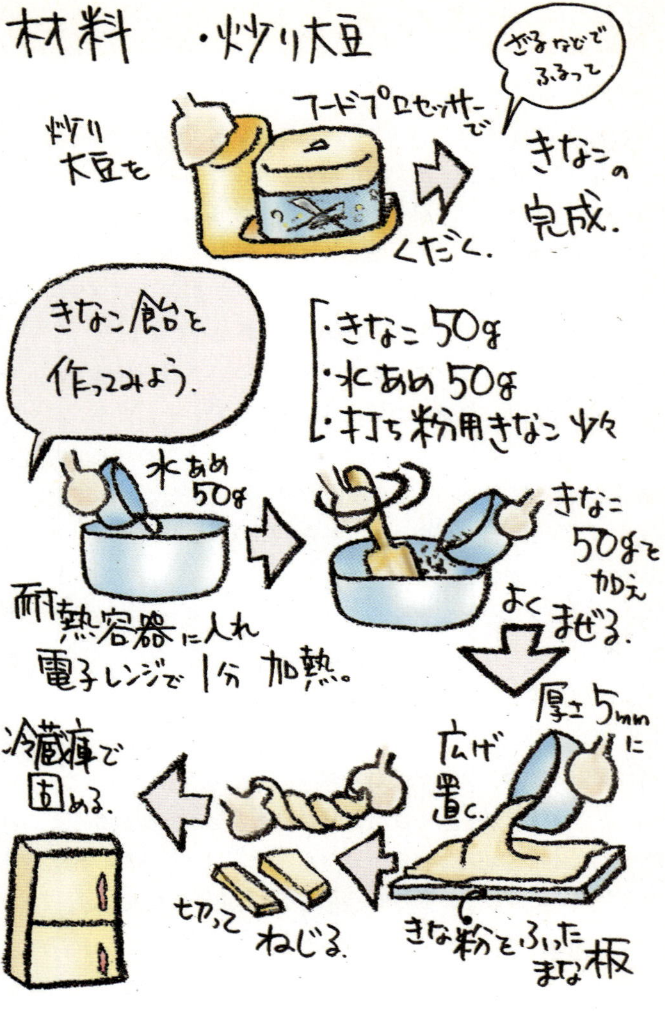

材料 ・炒り大豆
炒り大豆を
フードプロセッサーで
くだく。
ざるなどでふるって
きなこの完成。
きなこ飴を作ってみよう。
・きなこ 50g
・水あめ 50g
・打ち粉用きなこ 少々
水あめ50g
耐熱容器に入れ
電子レンジで1分 加熱。
きなこ50gを加え
よくまぜる。
厚さ5mmに
広げ置く。
きな粉をふったまな板
切ってねじる。
冷蔵庫で固める。

③どうして大豆は加熱が必要なの？

生の大豆を食べるとおなかをこわす人もいるのに、加熱すると大丈夫になる。加熱することで、大豆になにが起きたのか!?

タンパク質はアミノ酸が数十個以上つながった大きな分子なので、私たちはタンパク質をそのまま吸収することができない。そのため消化酵素で小さく分解してから、小腸で吸収している。でも、生の大豆には、消化酵素の働きをじゃまする「トリプシンインヒビター」というタンパク質分解阻害剤が入っている。

トリプシンインヒビターがあると、タンパク質を分解するトリプシンが働かず、タンパク質は分解されない。そしてタンパク質のままで小腸まで行くと、「取り込めなかったものを少しでも早く体外にだしてしまおう」という体の防御反応が起こり、下痢になっちゃう。でも、大豆を加熱すると、トリプシンがタンパク質を分解することができるようになる。

トリプシンインヒビターも、タンパク質。タンパク質はアミノ酸がたくさんつながり、立体構造を作っている。タンパク質の多くは、加熱するとこの立体構造が変化する。一度変わると、もとの立体に戻ることはできない。たとえば卵をゆでると、卵のタンパク質の立体構造が変わり、生卵の状態に戻すことはできない。トリプシンインヒビターは消化酵素の働きをじゃまするけど、加熱して立体構造が変わったトリプシンインヒビターは、トリプシンをじゃまできなくなるので、消化できるようになる。

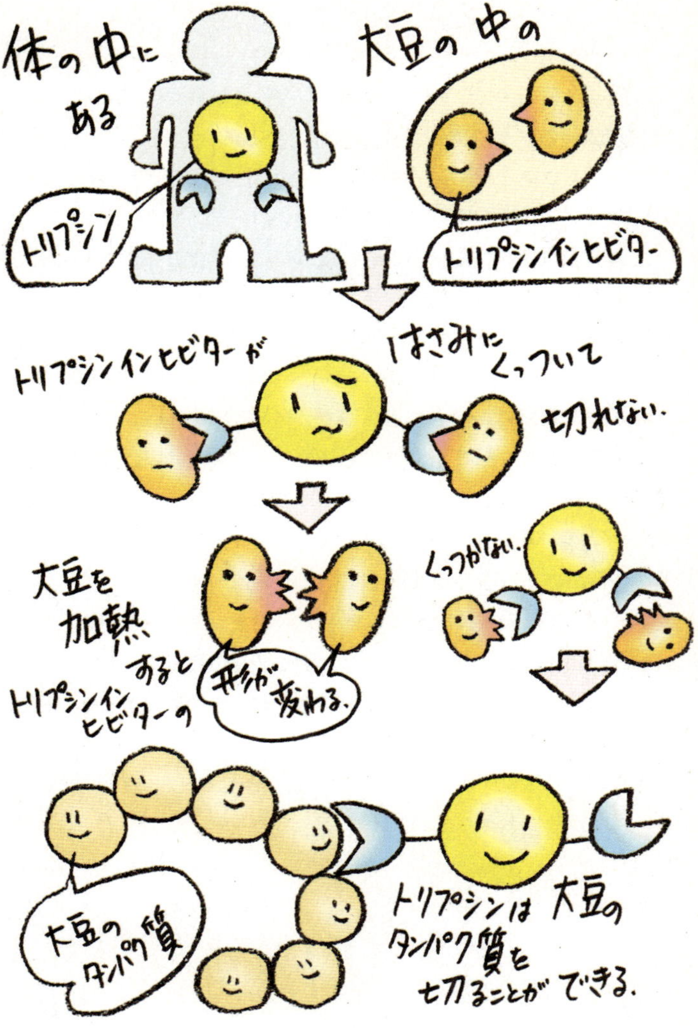
体の中にある
トリプシン
大豆の中の
トリプシンインヒビター
トリプシンインヒビターが
はさみにくっついて
切れない。
大豆を加熱するとトリプシンインヒビターの
形が変わる。
くっつかない。
大豆のタンパク質
トリプシンは大豆のタンパク質を切ることができる。

おもしろ科学実験 No.3　難易度 ★★

①どうしてもお菓子を食べたいとき

人間の身体の中で、いちばんエネルギーを消費する場所は、脳。1日に120gのブドウ糖が必要とされている。でも脳は、ほんの少ししかブドウ糖をため込んでおくことができないので、常に血液中にあるブドウ糖を取り込まなくてはいけない。

デンプンはブドウ糖がつながったもの。パンやご飯を食べると、その中のデンプンは体内でブドウ糖に分解される。でも、デンプンからブドウ糖に分解されて吸収されるまでには、ちょっと時間がかかる。

砂糖の主成分は、ブドウ糖と果糖がくっついているショ糖だけど、体内でブドウ糖と果糖とに分解され、吸収される。砂糖は食べて数十秒すると、もう血液中にブドウ糖が増えるくらいに、すばやく分解・吸収される。疲れたときに甘いものが食べたくなるのは、脳がブドウ糖を必要としているから。

そして、脳の成長にもブドウ糖が欠かせないんだって。だから、子どもが甘いお菓子が好きなのは、脳が要求しているせいかも!?

あめは砂糖と水だけで作ることができる。加熱時間を変えれば、やわらかさも変えることができる。

疲れて甘いものがほしいのに、“お菓子がない！”というときには、自作のあめをどうぞ。

この実験で学べること

結晶の構造と性質の違い。同じ材料からできていても、分子の並び方によって性質が異なるものができる。

②電子レンジで べっこうあめを作ろう！

★材料

砂糖：大さじ3、水：大さじ1

★必要なもの

クッキングシート、小さめの木のスプーン、耐熱容器

★実験方法

①. べっこうあめの材料を大きめの耐熱容器に入れてラップはせずに電子レンジ（強）で1分間加熱したあと、取りだしてよく混ぜ、スプーン1杯分をクッキングシートにのせる（やけどに注意！）

②. 残りをさらに30秒加熱して、スプーン1杯分をクッキングシートの上にのせ、残りは再度加熱する

③. 合計2分30秒加熱したところで終了

★ワンポイント

・100℃以上になっているし、粘りがあるので、やけどには十分注意してね！

・茶色くなり始めると、加熱をやめてもどんどん色が変わっていく。加熱しすぎると、こげてしまい、苦くなる

材料 [・砂糖 大さじ3
・水 大さじ1

③どうしてあめの色ややわらかさに違いがでたの？

加熱時間によって、あめのやわらかさが変わっていった。1分加熱しただけのものはやわらかく、3分加熱したものは硬くてパリンと割れる。1分加熱したときと3分加熱したときで違うのは、煮つめるときの温度と水分。

砂糖の主成分はショ糖。砂糖と水を混ぜたものを加熱すると、どんどん水分が蒸発するので、ショ糖の濃度は高くなる。水分が17％程度になると、溶けたショ糖の温度が上がり始め、100℃以上の高温になる。

ショ糖は煮つめるときの温度によって、性質が変わる。115℃程度で煮つめたものは、水分量が13％程度で、冷やしたときにはぐにゃっとしたやわらかいキャラメル状。150℃程度で煮つめたものは、水分量が2％程度で、もろく割れやすい飴状。

分子レベルで見ても、やわらかいキャラメル状になったときのショ糖分子のくっつき方と、あめ状になったときのショ糖分子のくっつき方は違う。やわらかいキャラメルのときは、かなりきちんと分子が整列しているんだけど、あめ状になっているときは、分子の整列の仕方がぐちゃぐちゃ。同じショ糖からできているのに、分子の整列の仕方で、性質は全然ちがうものになる。

ダイヤモンドも炭も、炭素のかたまり。でも、硬さも違えば、色も違う。これも炭素原子の並び方が違うから。同じ炭素原子からできているので、炭に高温高圧をかけると、ダイヤモンドになるんだよ。1000℃以上の高温と5万気圧以上が必要だけどね。

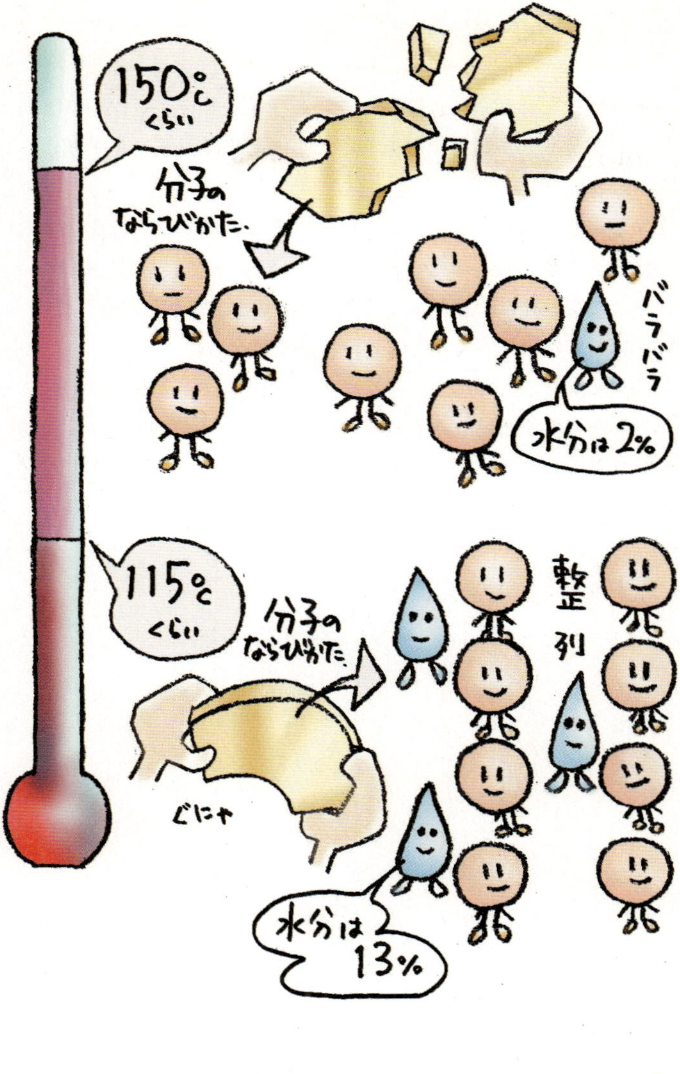
150℃くらい
分子のならびかた
バラバラ
水分は2%
115℃くらい
分子のならびかた
ぐにゃ
整列
水分は13%

おもしろ科学実験 No.4　難易度 ★★☆

①水あめの力

水あめはなにからできているでしょう？　甘いから、砂糖と同じようにサトウキビかなと思うけど、水あめは穀類やイモ類から作られるんだって。

いまは水あめをおやつとしては食べることは少ないけど、市販のお菓子の原材料名を見ると、水あめが使われていることが多い。甘さだけでいえば、水あめは砂糖の3分の1の甘さしかないから、甘さをだすために使っているわけではなさそう。

じゃあなぜ水あめをお菓子に使うかといえば、水あめには粘りがあるから。この粘りがお菓子作りで、いろいろと役立つ。特にキャラメル作りには、水あめが欠かせない。水あめの力、あなどるべからず。

この実験で学べること

水あめの中には、いろいろな長さのブドウ糖の鎖がある。その鎖の違いを比べてみる

②キャラメルを作ろう！

★材料

＜材料A＞

砂糖：大さじ3、水あめ：大さじ2、バター：大さじ1

＜材料B＞

砂糖：大さじ3、バター：大さじ1

★必要なもの

クッキングシート、小さめの木のスプーン、耐熱容器2つ

★実験方法

①. 材料Aをすべて耐熱容器に入れ、電子レンジで1分加熱する（ラップはしないで！）

②. 一度取りだしてよく混ぜ、さらに2分間加熱する

③. 材料の色が薄い茶色になっていたら、取りだしてよく混ぜ、スプーンでクッキングシートの上にのせる（やけどに注意！）

次に材料Bで同じことをやってみる

材料

Ⓐ
- 砂糖 大さじ3
- 水あめ 大さじ2
- バター 大さじ1

Ⓑ
- 砂糖 大さじ3
- バター 大さじ1

次に

Ⓑの材料で

作ってみましょう！

違いは
ありましたか？

③どうして水あめ入りは固まったの？

水あめを入れないと、ひとかたまりにならず、キャラメル味の砂糖になってしまう。一方、水あめが入っていると、固まってキャラメルになった。べっこうあめを作るときには、水あめを入れなくても固まったのにね。

べっこうあめとキャラメルの材料の違いは、バターの有無。キャラメルにするには、バターなどの乳製品を入れる必要がある。乳製品を入れると、その中の乳脂肪などにじゃまされて、砂糖の分子だけでは固まることができなくなり、小さなつぶつぶになってしまう。キャラメル味の砂糖になってしまったのはそのせい。

水飴の中には、デキストリンという粘りのある成分があるので、砂糖や乳脂肪などをからめて、キャラメルを固めることができる。

ブドウ糖が数千個つながったものがデンプン。デンプンがところどころ切断され、ブドウ糖が数十から数百個つながったものになったのがデキストリン。適度に長いし、枝分かれしているので、からまりあって粘りがでる。デキストリンやデンプンは、人間の味細胞にとっては、大きすぎて取り込めないので、「味」として認識することはできない。

水あめの中には、デキストリンのほかに、ブドウ糖やブドウ糖が2つくっついた麦芽糖が含まれている。ブドウ糖や麦芽糖は小さいので、味細胞に取り込まれる。だから、甘味を感じることになる。ブドウ糖や麦芽糖は、短い（というか小さい）ので、お互いにからまりあうことができず、粘りはない。デキストリンだけなら甘くないし、麦芽糖やブドウ糖だけだと粘りがない。水あめの中にはいろいろな長さの「ブドウ糖の鎖」があるってことだね。

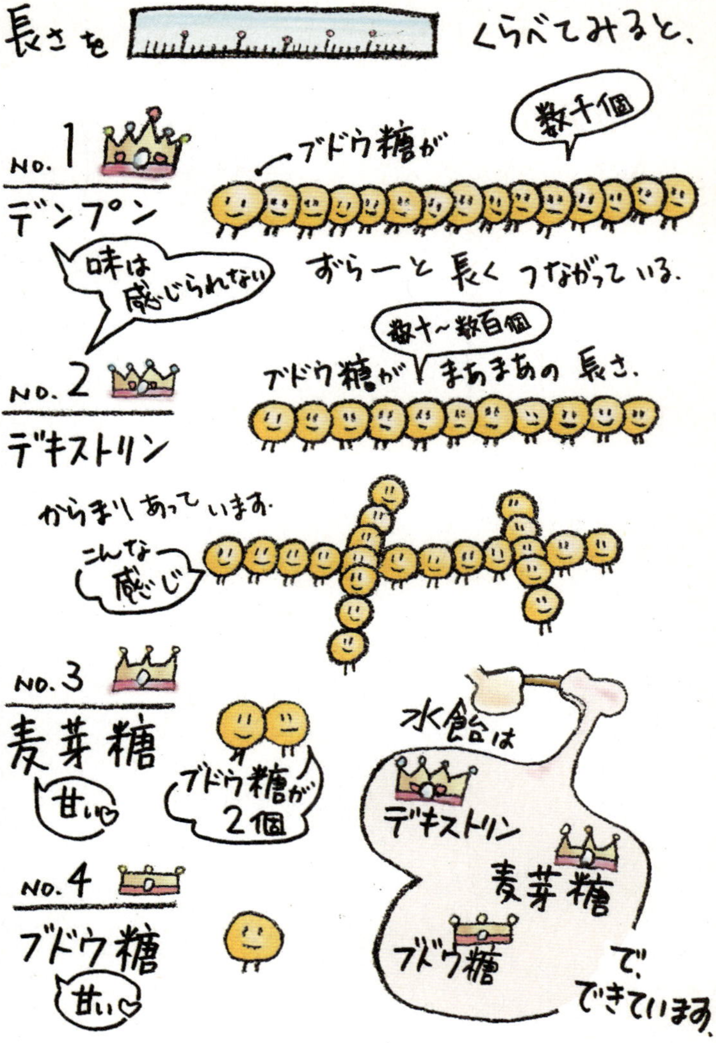
長さを
くらべてみると、
No.1
デンプン
ブドウ糖が
数千個
味は感じられない
ずらーと長くつながっている。
No.2
デキストリン
数十〜数百個
ブドウ糖が まあまあの長さ。
からまりあっています。
こんな感じ
No.3
麦芽糖
甘い♡
ブドウ糖が2個
水飴は
デキストリン
麦芽糖
No.4
ブドウ糖
甘い♡
ブドウ糖
で、できています。

第2章

キッチンでLet's Try
～洋菓子編～

子どものころ「大きなプリン」に憧れなかった？　さあ、いまこそ子どもといっしょにその夢をかなえるとき！　実験をして、どうしてそうなるのかを科学的に理解すれば、ほかのいろいろな料理にも応用が可能になる。知識は応用してこそ意味があるからね。

おもしろ科学実験 No.5　難易度 ★★

①酸性？　アルカリ性？

理科の実験といえば、試験管とアルコールランプとリトマス試験紙！　リトマス試験紙は、なにつけると、どう変化するか覚えてる？

リトマス試験紙には、青色と赤色があって、青いリトマス試験紙は酢につけると赤色に変わる。赤いリトマス試験紙は、重曹を溶かした水につけると青色に変わる。リトマス試験紙が赤になれば酸性、青になればアルカリ性ってこと。

リトマス試験紙じゃなく、紫キャベツの煮汁でも似たような実験ができる。煮汁自体はうす紫だけど、酸性のものを入れるとピンクになり、アルカリ性のものを入れると青紫になる。これは家庭で簡単にできるし、色が変わるので、子どもにとっては楽しい実験。ただ問題が1つ。紫キャベツの煮汁ってにおいがよくない……。

でもブルーベリーを使えば、においもしないで同じ実験ができる。生のブルーベリーじゃなくても、ブルーベリージャムでもできるんだよ！

パンケーキの生地はアルカリ性。ここにレモン汁を入れると酸性に変わっていく。ブルーベリージャムを使えば、この変化を確認することができる。実験が終わったあと、焼いて食べてもおいしいし、一石二鳥！

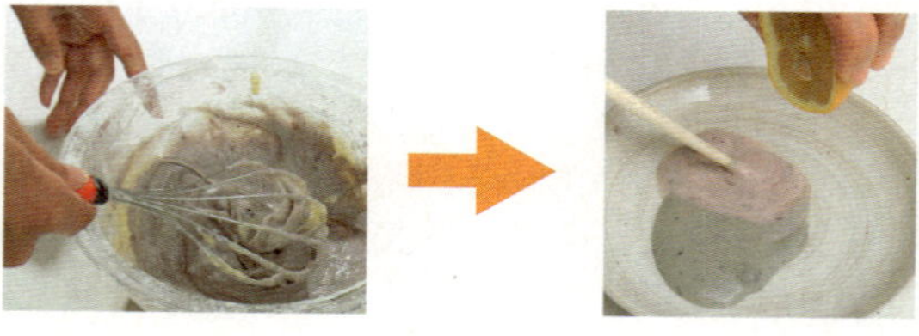

この実験で学べること

水溶液の性質と、水素イオン（H^+）の関係。水素イオンが多い酸性ではアントシアニンは赤くなり、水素イオンが少ないアルカリ性ではアントシアニンは青紫になる。

②ブルーベリーパンケーキを作ろう！

★材料

卵：1個、牛乳：70ml、溶かしたバター：20g、小麦粉：100g、ベーキングパウダー：小さじ1、砂糖：30g、ブルーベリージャム：大さじ1、レモン汁：小さじ1

★必要なもの

粉ふるい、ボール、フライパンかホットプレート

★作り方

①. 卵、牛乳、溶かしたバターをボールに入れ、よく混ぜる

②. 小麦粉、ベーキングパウダー、砂糖をまとめてふるいにかけたものを、①に加える

③. ブルーベリージャムを加えて、均一になるまで混ぜる

④. 半分を別の容器に移す

⑤. 片方にレモン汁を加える

⑥. 観察が終わったら、④、⑤をそれぞれ焼く

★ワンポイント

・**ブルーベリージャムを生地に加えると、すぐに色が変わる。そしてレモン汁を入れると、また色が変わる。見逃さないで！**

材料
・卵1こ
・牛乳70ml
・溶かしたバター20g
・小麦粉100g
・ベーキングパウダー 小さじ1
・砂糖30g
・ブルーベリージャム 大さじ1
・レモン汁 小さじ1
牛乳70ml
溶かしたバター20g
卵1こ
よく混ぜる
小麦粉100g
砂糖30g
ベーキングパウダー小さじ1
まとめてふるい
ボールに加える。
ブルーベリージャム
大さじ1
入れると
青紫になるよ。
みのがさないでね
レモン汁
小さじ1
今度は
青紫からピンクに
なるよ。
ホットプレートか フライパンで
焼いてね。
焼けた
色を
くらべてみよう。

③どうしてパンケーキの色が変わったの？

ブルーベリーや紫キャベツなど紫色の果物や野菜にはアントシアニンという色素が含まれていて、酸性ではピンク、中性では紫、アルカリ性では青紫に変わる。

卵はアルカリ性なので、パンケーキの生地はアルカリ性になる。その中にブルーベリージャムを入れるとアントシアニンが青紫に変わるので、卵の色と混ざって灰色っぽい生地になる。ここに酸性であるレモン汁を入れると、アントシアニンは青紫から紫、ピンクに変わる。こっちのほうが見た目としてはおいしそう。

じゃあ、なぜアントシアニンは酸性やアルカリ性によって色が変わるのかというと、周りにある水素イオン（H^+）と水酸化物イオン（OH^-）のせい。酸性というのはH^+がOH^-より多い状態のことで、H^+とOH^-が同じならば中性、OH^-がH^+がより多ければアルカリ性。

アントシアニンはH^+が多いと、青い光を吸収し、赤を反射する構造になるので、赤く見える。OH^-が多いアルカリ性では、赤い光を吸収し、青を反射する構造になるので青く見える。

科学的には、酸性、アルカリ性というのはpH（potential Hy drogen：ピーエイチまたはペーハー）で表す。pHが7より小さい場合は酸性、pH7は中性、pHが7より大きい場合はアルカリ性。すべての水溶液はpHを測ることにより、「酸性」「中性」「アルカリ性」の3種類に分類することができる。

強い酸性のものほどpHが小さい。お肌のpHは4.5から6ということで、弱酸性。でも、いくつまでが「弱酸性」で、いくつからが「強酸性」なのかという決まりはないんだけどね。

アルカリ性
タンサン
重曹
pH8.5
血液
pH7.4
pH14
pH7
pH0
海水は
pH8.3
アルカリ性
OH^-
しょうゆ
pH4.5
レモン汁
pH2.5
酸性
アントシアニン
酸性
H^+
アントシアニン
アルカリ性の
時は 青く。
酸性の時は
赤く。

おもしろ科学実験 No.6　難易度 ★★★
①失敗なしのプリン作り

圧力鍋ってなにかと便利。ふつうの鍋では時間のかかる煮込み料理も、圧力鍋なら短時間でできちゃう。なぜ、圧力鍋では早くできるんだろう？

加熱すると、野菜や肉そして魚の骨などがやわらかくなるのは、その中の分子が分解したり、ほかの物質に変わったりするから。

ふつうの鍋だと水が沸騰する温度は100℃だけど、圧力鍋の中では120℃程度。加熱する温度が高ければ、その反応は早く進む。120℃で加熱すると、100℃のときの3倍近くも早くなる。だから、圧力鍋で煮ると、短時間でやわらかくなる。

圧力鍋を使うと、プリンや茶碗蒸しも、うまく作れるんだよ。プリンって蒸し器で作ると、つぶつぶの「す」が入っちゃうことが多い。「す」が入っちゃうと、食感が悪くてちっともおいしくないんだよね。レシピ本とかには、「すが入らないように、80℃ぐらいを保ちましょう」って書いてあるんだけど、それってけっこうめんどう。だけど圧力鍋なら、めんどうじゃないんだな〜。これぞ文明の利器って感じだよ。

プリンや茶わんむしを
作るには、
圧力なべを
使うといいよっ！
なぜ？と言うと…
お面は止めろっ！

この実験で学べること

沸騰する温度は圧力によって変わる。圧力がかかっている状態では水は100℃では沸騰しない。

②なめらかプリンを作ろう！

★材料

＜プリン＞

卵：2個、牛乳：360ml、砂糖：60g、バニラエッセンス：少々

＜カラメルソース＞

砂糖：大さじ2、水：大さじ1

★必要なもの

圧力鍋、こし器（目の細かいザルでも可）、大きめの耐熱容器

★作り方

①. カラメルソースを作る。耐熱容器に砂糖大さじ2、水大さじ1を入れて、軽く混ぜて電子レンジで3分ほど加熱する。色が飴色に変わっていなかったら、もう30秒加熱する

②. ①をレンジから取りだして放置し、カラメルソースを固める

③. 卵2個を白身を切るようにしてよく混ぜる。そこに牛乳200mlを加える

④. 別の容器に牛乳160mlと砂糖を全部入れて、電子レンジで1分ほど加熱する

⑤. ③に④を加えて、バニラエッセンスを数滴たらしたら、こし器を使って3回ほどこす。カラメルソースが固まっているのを確かめ、耐熱容器に入れる

⑥. 圧力鍋に水を200mlほど入れ、⑤を入れる

⑦. ふたをして加圧ピンが上がって、圧力がかかったのがわかったらすぐに火を止め、20分放置する

材料

- 卵 2個
- 牛乳 360ml
- 砂糖 60g
- バニラエッセンス 少々

カラメルソース

- 砂糖 大さじ2
- 水 大さじ1

カラメルソース

水 大さじ1
砂糖 大さじ2
まぜる。
電子レンジで3分
加熱。
そのまま置いて
固める。
プリン
卵2個をまぜる。
牛乳200ml
まぜる。
A
砂糖大さじ2
牛乳160mlに入れる。
電子レンジで1分加熱。
B
バニラエッセンス
少々
B
Aに入れる。
耐熱容器に入れる。
こす。
・圧力鍋に水200ml入れる。
・加圧ピンが上がったら火を止める。

③どうしてなめらかなプリンができたの？

タンパク質は熱によって固まりやすい。卵白の中のタンパク質は75～80℃で、卵黄の中のタンパク質は70℃で固まる。

水が沸騰する温度は、ふつうの状態では100℃。プリンの材料のように、タンパク質と水が混ざっているものを加熱すると、タンパク質が固まったあとに、水が沸騰することになる。タンパク質の固まりの中にある水が水蒸気になると、その部分には穴が空いてしまう。これが、「す」が入ったプリンになってしまう原因。

圧力鍋の中で、プリンの材料を加熱するとどうなるか？ 中の温度が70℃を越すと、タンパク質は固まり始める。でも、圧力がかかっているため、水は100℃ではなく、120℃くらいにならないと沸騰しない。つまり、タンパク質が固まりだしてから、水が沸騰するまでの時間が、ふつうの鍋よりも長い。

加圧ピンが上がるのは、水分が沸騰してきた証拠。加熱を続ければ、水分が蒸発して「す」が入ってしまう。だから、すぐに火を止める必要がある。火を止めたあとも、温度はすぐには下がらず80℃以上の時間が続くので、プリンは中までちゃんと固まる。

では、なぜ圧力鍋の中では、100℃になっても水が沸騰しないのか？　水分子は熱が加わると、動きが活発になる。そして、大気圧（1気圧）のもとでは、100℃になると液体としてとどまっていることができなくなり、気体となって飛びだしていこうとする。でも、圧力がかかっていると、水分子の動きも抑制され、動きにくくなる。そのため、水は100℃を過ぎても沸騰しなくなる。反対に山の上などでは、1気圧よりも気圧が低くなり、水分子が動きやすいので、100℃になる前に水が沸騰する。

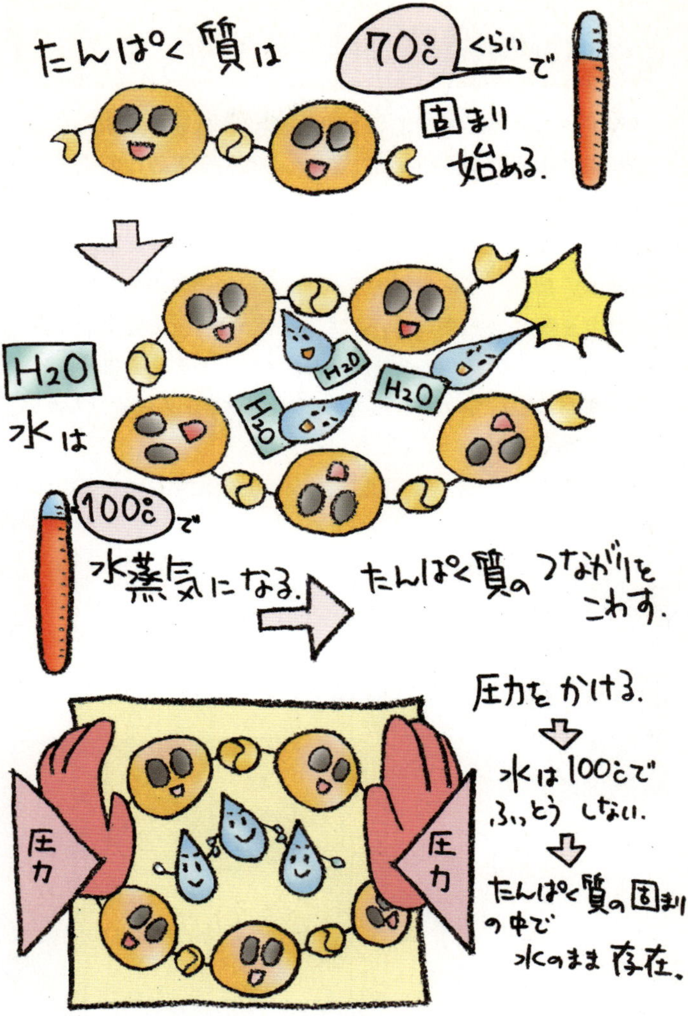
たんぱく質は
70℃
くらいで
固まり始める。
H_2O
水は
100℃
で
水蒸気になる。
H_2O
H_2O
H_2O
たんぱく質のつながりをこわす。
圧力をかける。
水は100℃でふっとうしない。
たんぱく質の固まりの中で水のまま存在。
圧力
圧力

おもしろ科学実験 No.7　難易度 ★★★
①油厳禁！

タンパク質って漢字で書くと、蛋白質。蛋は卵の意味。卵の白い部分にこの成分が多かったことから、蛋白質という名前がついたんだって。

さて、マヨネーズ作りで必要なのは、卵黄。メレンゲ作りに必要なのは、卵白。というわけで、マヨネーズ作りのあとに、メレンゲ作りを続けてやってみたら、ちっともメレンゲが泡立たない！

先にマヨネーズを作ったのが、失敗のもと。卵白のほうにサラダ油が混ざってしまった……。図らずも「油が入ると泡立たない」という実験をしたということ（>_<）。

続けてやるんだったら、先にメレンゲ、次にマヨネーズを作るという順番がおすすめ！

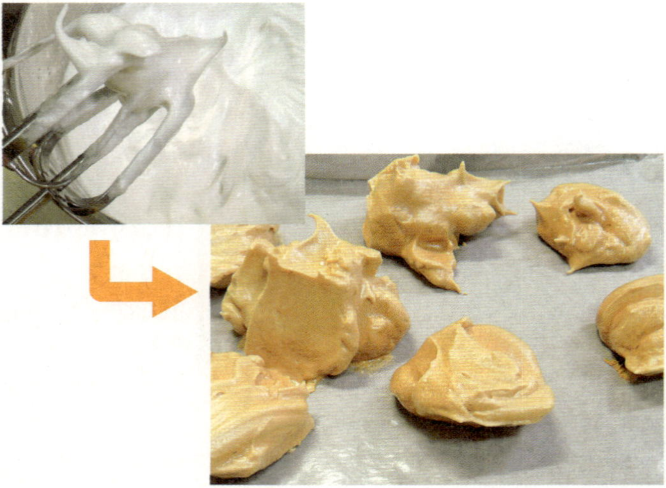

わー！
すごい泡！
もしかして
メレンゲ？
いいえ.
体、あらってます
失礼
しました…

この実験で学べること

卵白中のタンパク質の構造変化。卵の中では球状で存在しているが、空気に触れると硬い膜を作るようになる。

②メレンゲを作ろう！

★材料

卵白：1個分、砂糖：30g、あればレモン汁：少々

★必要なもの

ボール、ハンドミキサー、クッキングシート、スプーン

★作り方

①. 材料すべてをボールに入れる
②. 泡が細かくしっとりとした感じになり、すくいあげるとピンと角が立つ状態になるまでハンドミキサーで混ぜる
③. クッキングシートの上にスプーンで少しずつおく
④. 120℃のオーブンで1時間ほど焼く。焼き終わってもオーブンの中に入れたまま、冷えるまで待つ

★ワンポイント

・**卵は冷蔵庫からだしてすぐに使うのではなく、室温に戻しておく**
・**泡立てすぎると、ぼろぼろとした状態になってしまうので、ハンドミキサーを使う場合、混ぜすぎに注意**
・**クリームしぼり器があれば、それを使ってしぼりだすとより本格的！**

材料
・卵白 1個分
・砂糖 30g
（・あれば レモン汁 少々）

卵は室温に戻しておく.

ハンドミキサーで角が立つまでまぜる.

120度のオーブンで1時間ほど焼く.

オーブンの中で冷えるまで待つ.

泡立てすぎると

ぼろぼろになります.

③どうして卵白は泡立つの？

卵白の中には、たくさんのタンパク質がある。タンパク質とはアミノ酸がずらっとつながって、立体構造を作っているもの。アミノ酸には水分子を引きつけるタイプと、はじくタイプの2種類がある。水の中にあるタンパク質は、水をはじくアミノ酸は内側、水を引きつけるアミノ酸は外側になるような球状の構造になっている。卵白のタンパク質も、卵の中では球状の構造をしている。

でも、泡立て器で混ぜ、そのタンパク質が空気に触れると立体構造が変わり、硬い膜状になる。その中に空気が入るので、小さな立体がたくさんできていく。これが泡立った状態。

水をはじくタイプのアミノ酸は、油とくっつきやすい。このため油脂があると、膜状になるような立体構造をとることができなくなる。いくら混ぜても、膜状にならないのだから、泡立つことはない。だからメレンゲを作るときは、ボールや泡立て器に油がついていてはいけないというわけ。

それじゃあ、メレンゲに砂糖を入れるのはなぜか？　砂糖の分子は水を引きつける力が強い。卵白に砂糖を入れると、砂糖に水が引きつけられるので、タンパク質の周りの水が減ることになる。そうすると、膜状となったタンパク質は立体構造を保ちやすくなる。泡がつぶれにくくなるということ。

でも、逆に砂糖があると、膜状になりにくい。そのため、ハンドミキサーを使わずにメレンゲを作る場合には、最初から砂糖を入れるのではなく、途中で加えるほうがいい。

タンパク質
油が好き
油が好き
アミノ酸がずらーと長く
つながっている。

泡立てた
卵白は
アミノ酸が
くっつき
あっている。

油とくっつきやすい！
油くーん、
大好きだー！
油くーん！
キレイな
ボールを使ってね。

おもしろ科学実験 No.8 難易度 ★★☆
①冷える不思議

屋外で食べ物を加熱するというのは、火を使えば簡単。でも、食べ物を冷やすのは、なかなか難しい。川や湖に沈めておけば、ある程度は冷えるけど、凍らせることはできない。

冷凍技術のなかった昔、氷は王侯貴族など一部の人だけが食べられる特別な食べ物だった。歴代のローマ皇帝は、山の上から万年雪を運ばせて果汁などと混ぜて食べていたし、日本でも平安時代には、一部の貴族が氷室に保存していた氷に甘葛《あまずら》の樹液をかけて食べていた。枕草子の中に「削り氷にあまづら入れて」という一文がある。清少納言って、セレブだったのね。

冷たいものを一般の人も食べられるようになったのは16世紀のなかば。イタリアで、氷に硝石を入れると温度が下がり、飲み物が固まることが発見された。この発見により、簡単にシャーベットやアイスクリームを作ることができるようになり、世界に広まっていったんだって。

氷に食塩を入れると温度が下がるって、なんだか不思議じゃない？　実際にこれでジュースを固めると、「へーっ、固まるんだ」って思うし、子どもに作らせると、喜んで食べる。冷凍庫で果汁を固めても喜ばないのにね。

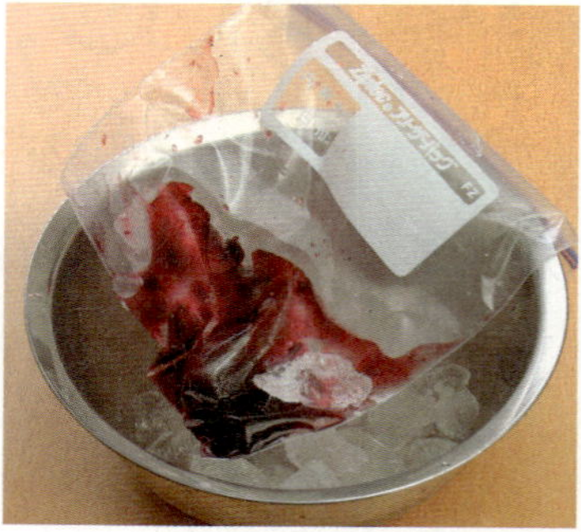

昔々、
氷は
特別な
食べ物でした。
みんなでいっしょに食べよう！

この実験で学べること

氷に食塩を入れると温度が下がる。じゃまものがあると、水は0℃では凍らない。

②シャーベットを作ろう！

★材料

好みのフルーツジュース：100ml、砂糖：10g程度

★必要なもの

チャックつきポリ袋（サイズ中）2枚、

細かく砕いた氷カップ2程度、塩、ボール2つ

★作り方

①. 材料をよく混ぜたあと、半分ずつに分けて2枚のポリ袋に入れ、空気が入らないように密封する

②. 片方のボールに氷だけを入れ、もう片方のボールには氷と塩を入れる

③. 2つのボールにそれぞれ①のポリ袋を入れる

★ポイント

- **砂糖の量は、ポリ袋に入れる前に味見をして調節する。温度が低くなると甘みは弱く感じるようになるので、「ちょっと、甘すぎるかな」と思うくらい入れたほうがいいよ**
- **塩は氷1カップあたり大さじ1ぐらい入れること**

材料
- 好みのフルーツジュース 100ml
- 砂糖 10gほど

砂糖
10gほど
味見をしましょう。
よくまぜる。
半分ずつに分ける。
塩
ボールに入れる。
氷と塩を入れる。
氷だけ。
塩は
氷1カップあたり
大さじ2ぐらい入れること

③どうしてシャーベットが固まったの？

どんな物質でも、固体、液体、気体の3つの状態がある。鉄や金のような金属でも、温度をすごーく高くすれば気体になるし、酸素や二酸化炭素のような気体も、温度をすごーく低くすれば固体になる。水の場合は、0℃より低い温度になると固体の氷になるし、100℃より高い温度になると気体の水蒸気になる。

水の分子には、分子が動き回る力と、分子同士がお互いにくっつきあう力の2つが働いている。温度が低くなると、動き回る力よりもくっつきあう力のほうが強くなっていく。0℃より低くなると、分子同士がくっついて、固体になってしまう。反対に温度が高くなると今度は、分子が動き回るパワーのほうが大きくなっていく。100℃を超えると、分子がくっついていられなくなって、あちこちに飛びだしてしまう水蒸気（気体）になる。

本来は0℃では固体になる水だけど、食塩などのじゃまものがあると分子同士がくっつきにくくなり、0℃では凍らなくなってしまう。じゃまものがあると分子が飛びだしにくくなるので、食塩水は100℃でも沸騰しなくなる。果汁も水の中にいろいろなじゃまものが入っているので、0℃では凍らず、100℃では沸騰しない。

冷凍庫からだして細かく砕いた氷の表面は、少し溶けて水になっている。だから、実際には「氷水」で、その温度は0℃。ここに食塩を入れると、分子がくっつきにくくなり、氷から水に変わりやすい。氷が水になるときには、周りの温度を奪う。その結果、氷水に食塩を入れたものは、－10℃程度まで温度が下がる。

だから、氷だけのボールの中に入れた果汁は凍らなかったけど、氷＋食塩のボールの中の果汁は凍ったというわけ。

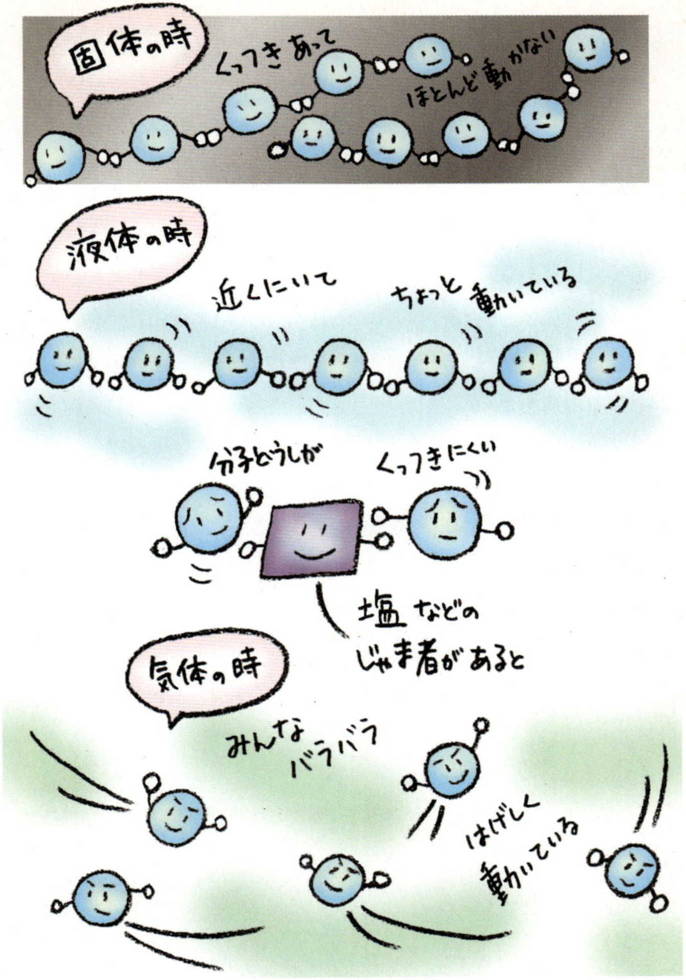
固体の時
くっつきあって
ほとんど動かない
液体の時
近くにいて
ちょっと動いている
分子どうしが
くっつきにくい
塩などの
じゃま者があると
気体の時
みんな
バラバラ
はげしく
動いている

おもしろ科学実験 No.9　難易度 ★★★
①Tシャツアイスクリームマシーン

冷凍庫で自家製アイスクリームを作ると、舌ざわりの悪いアイスクリームになってしまうことが多い。冷凍庫でアイスクリームを固めようとすると、どうしても時間がかかってしまい、結晶が大きくなっちゃうんだよね。

大きな結晶にならないようにするには、材料をできるだけ早く凍らせればいい。液体窒素は－196℃なので、この中に入れれば、あっという間に固まる。実際に、液体窒素を使ってアイスクリームを作るお店もあるよね。

家庭でも、冷凍庫の温度をもっと下げれば早く凍るけど、それって無理。というわけで、「熱伝導率」という科学を活用！　Tシャツアイスクリームマシーンを作ってみる。

このTシャツアイスクリームマシーンを使えば、材料が3分ほどで固まる。早く凍るので舌ざわりもなめらか。かき混ぜる手間も省けるので一石二鳥 (*^_^*)。

うん!
アイスクリーム作ろうか?
Tシャツにつつんで
うん!
ぐるぐる回すんだよ。
あっー大事な私のTシャツでっ!
うん!
ひっ

この実験で学べること

気体・液体・固体の違い。分子の間の距離により、熱の伝わり方が異なる。気体は熱を伝えにくい。

②アイスクリームを作ろう！

★材料

好みのフルーツをきざんだもの：100g、砂糖：大さじ2、
牛乳：100ml、生クリーム：100ml

★必要なもの

チャックつきポリ袋：（サイズ中）2枚、大きめのポリ袋：1枚、
輪ゴム、細かく砕いた氷：カップ2程度、塩：大さじ4程度、
Tシャツ

★作り方

①. 材料をよく混ぜたあと、半分ずつに分けて2枚のポリ袋（サイズ中）に入れ、空気が入らないように密封する。片方のポリ袋を冷凍庫に入れる

②. 大き目のポリ袋に氷と塩を入れ、ざっと混ぜる

③. ②に①の残りの片方のポリ袋を入れ、空気が入らないようにして輪ゴムで密封する

④. ③のバッグをTシャツのおなかのあたりに入れ、裾側から首に向かって、折りたたみ、筒状にする

⑤. 両端を持ってぐるぐると回す。1分ぐらいしたら、固まっているかどうか確認。まだだったら、固まるまでぐるぐる回す

★ワンポイント

・**ポリ袋はきっちり密封してね。じゃないと、Tシャツが汚れちゃうから**

材料

- 好みのフルーツをきざんだもの 100g
- 砂糖 大さじ2
- 牛乳 100ml
- 生クリーム 100ml

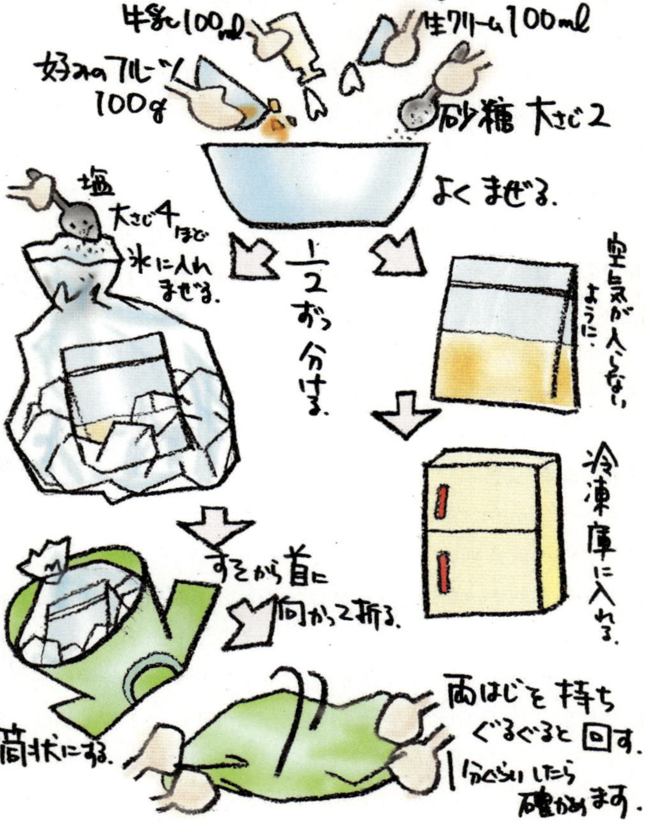
牛乳100ml
生クリーム100ml
好みのフルーツ
100g
砂糖 大さじ2
よくまぜる。
塩
大さじ4ほど
氷に入れまぜる。
1/2ずつ分ける。
空気が入らないように。
冷凍庫に入れる。
すそから首に向かって折る。
筒状にする。
両はじを持ちぐるぐると回す。
分ぐらいしたら確かめます。

③なぜ冷凍庫より早く固まるの？

冷凍庫の温度は－20℃程度。氷に食塩を入れたポリ袋は－10℃程度で、冷凍庫の温度のほうが低いはず。それなのに、3分でアイスクリームマシーンのほうは固まり、冷凍庫に入れたものは固まらなかった。この理由は、熱の伝わり方に差があったから。

温度差があるとき、熱は高いところから低いところに移動する。分子レベルで見ると、「熱い」というのは分子が激しく動いている状態で、「冷たい」というのは分子がほとんど動いていない状態。激しく動いている分子（熱い）が動いていない分子（冷たい）にぶつかると、その勢いで動いていなかった分子が動きだす。動きだした分子は、温度が上がる。ぶつかった分子はちょっとだけ動きが弱くなり、温度が下がる。このようにして熱は伝わっていく。

今回の実験の場合、冷やす前のアイスクリームの材料の温度のほうが、「食塩＋氷」や「冷凍庫の空気」よりも高いので、アイスクリームの材料から、「食塩＋氷」や「冷凍庫の空気」の分子に動きが伝わっていった。

水でもほかの物質でも、液体や固体のときは分子と分子の間が狭い。そのため動いている分子はほかの分子とぶつかりやすく、熱が伝わりやすい。一方、気体は分子と分子の間が広い。激しく動いている分子であっても、ほかの分子とぶつかる確率は低くなり、熱が伝わりにくい。「食塩＋氷」は液体なので、分子の動きは伝わりやすく、「冷凍庫の空気」は気体なので、分子の動きは伝わりにくい。そのため、「食塩＋氷」の中のもののほうが、冷凍庫の中のものよりも早く温度が下がって固まったというわけ。

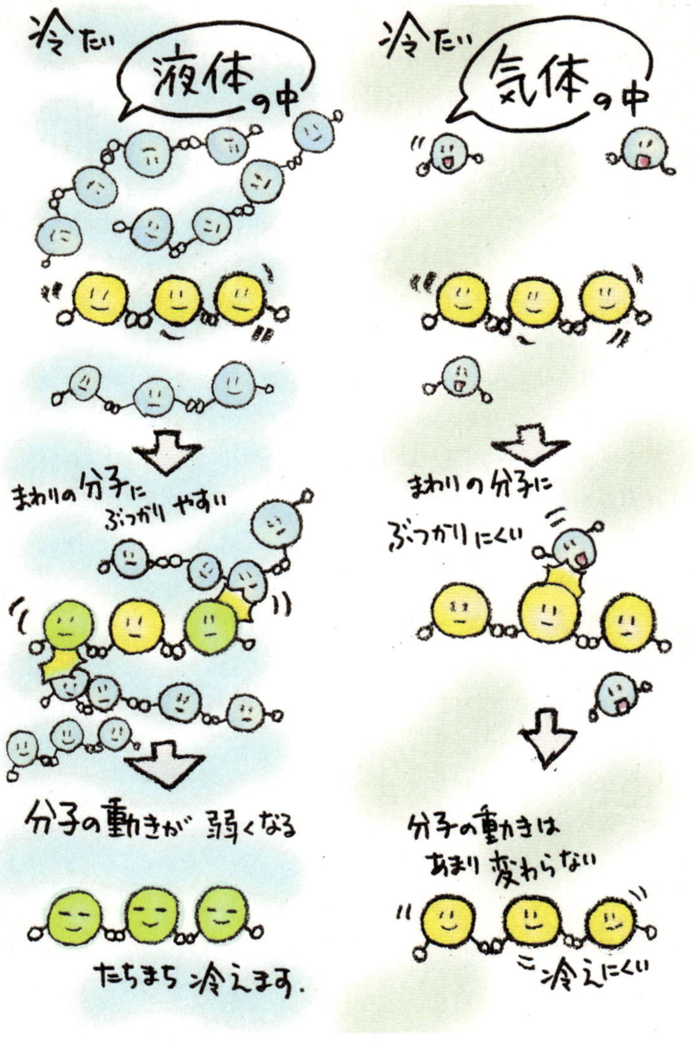
冷たい
液体の中
まわりの分子に
ぶつかりやすい
分子の動きが弱くなる
たちまち冷えます.
冷たい
気体の中
まわりの分子に
ぶつかりにくい
分子の動きは
あまり変わらない
冷えにくい

おもしろ科学実験 No.10　難易度 ★★

①適材適所！

コーンスターチや片栗粉に水を加えると、不思議な物体になる。ぎゅっと握ると固まるのに、手を開くと、どろーっと流れていく。上から強く速く叩くと、硬くて中に手が入っていかないのに、ゆっくりなら入っていく。これは粉が細かく、かつ水に溶けないという場合に起こる現象で、「ダイラタンシー」っていうんだって。

コーンスターチはトウモロコシのデンプンからできていて、片栗粉はジャガイモのデンプンからできている。見た目も似ているし、どちらも料理にとろみをつけるために使われる。でも、ブラマンジェやカスタードクリームのように冷たくするお菓子にはコーンスターチを使うし、中華スープのように熱いままの料理には片栗粉を使う。なんでだろう？

というわけで、片栗粉でブラマンジェを作ってみた。

固まっていない（- - ；）

今度はコーンスターチであんかけを作ってみた。

ゆるいし、不透明（- - ；）

うーん、レシピにはちゃんと意味があるということだね。

ちなみにブラマンジェっていうのは、フランス語で白い食べ物という意味。ジャムをのせるとそれなりの見た目になるし、お手軽な材料でできるので、おうちデザートにはおすすめ。

この実験で学べること

ジャガイモのデンプンは粘りが強い。トウモロコシのデンプンは冷めても固まっている。

②ブラマンジェを作ろう！

★材料

＜コーンスターチの場合＞

牛乳：200cc、砂糖：15g、コーンスターチ：大さじ1杯半、
バニラエッセンス：少々

＜片栗粉の場合＞

牛乳：200cc、砂糖：15g、片栗粉：大さじ1杯半、
バニラエッセンス：少々

★必要なもの

鍋、ボール、木ベラ

★作り方

①. ボールで牛乳、砂糖、コーンスターチを混ぜ30分ほど放置
②. 鍋に①を入れ、一度よく混ぜる。弱火にかけ、木ベラでよくかき混ぜ続ける
③. だんだんとろみがついてきて、混ぜたあとに鍋の底が見えるようになったら、バニラエッセンスを入れて混ぜる
④. 火からおろして、カップに移し入れ、冷蔵庫で固める

次に、コーンスターチを片栗粉に変えて、同じ手順でやってみる

★ワンポイント

・牛乳は80度以上に加熱すると、香りが悪くなる。気長にゆっくり、とろみがつくのを待って

材料
・牛乳 200ml
・砂糖 15g
・コーンスターチ大さじ1 1/2
・バニラエッセンス 少々
片栗粉の場合
コーンスターチを
片栗粉
大さじ1 1/2
にする。
牛乳
200ml
コーンスターチ 大さじ1 1/2
砂糖
15g
ボールに入れ
よくまぜる。
このまま
30分ほど
置く。
弱火にかけ、
木ベラでよくまぜる。
バニラ
エッセンス
少々
なべの底が見える
ようになったら
火を止める。
カップに
入れ、冷蔵庫で冷やす。

③どうしてブラマンジェにはコーンスターチを使うの？

デンプンには、ブドウ糖がまっすぐにずらーっとつながるアミロースと、ちょこちょこ枝分かれしてつながっているアミロペクチンの2種類がある（つぶあんの88ページ参照）。

このアミロースとアミロペクチンの割合は、植物によって違う。たとえば、うるち米はアミロース約20％とアミロペクチン約80％だけど、もち米はアミロペクチンがほぼ100％。アミロペクチンのほうがからまりやすいので、もち米は粘りが強い。

デンプンはデンプン同士で固まって粒状になるんだけど、この粒の大きさや形も植物によって違う。コーンスターチの原料であるトウモロコシのデンプンの粒は平均15μmくらいと小さく、大きさが比較的そろっていて、形は角ばっている。片栗粉の原料であるジャガイモのデンプンの粒は10～100μmと大きさがバラバラで、楕円形をしている。

どの植物のデンプンも、加熱すると粒状の固まりがほぐれて、アミロースやアミロペクチンがバラバラになり、からまりあうというのは同じ。だけど、固まり方やアミロースとアミロペクチンの割合が違うので、粒がほぐれる温度や、バラバラになったあとのからまり方が違う。

ブラマンジェをコーンスターチで作るのは、トウモロコシのデンプンが冷えてもからまっていられるから。ジャガイモのデンプンは、冷やすとからまり方が弱くなってしまう。

でも片栗粉は、温度が高いままなら粘りが強いし、透明になる。だから、中華料理などのあんかけに使うのは片栗粉のほうがいい。適材適所！

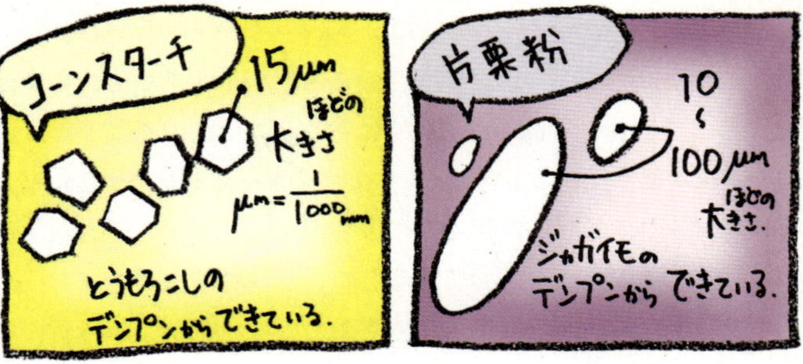
コーンスターチ
15μm ほどの 大きさ
μm = 1/1000 mm
とうもろこしの デンプンから できている.
片栗粉
10〜100μm ほどの 大きさ.
ジャガイモの デンプンから できている.

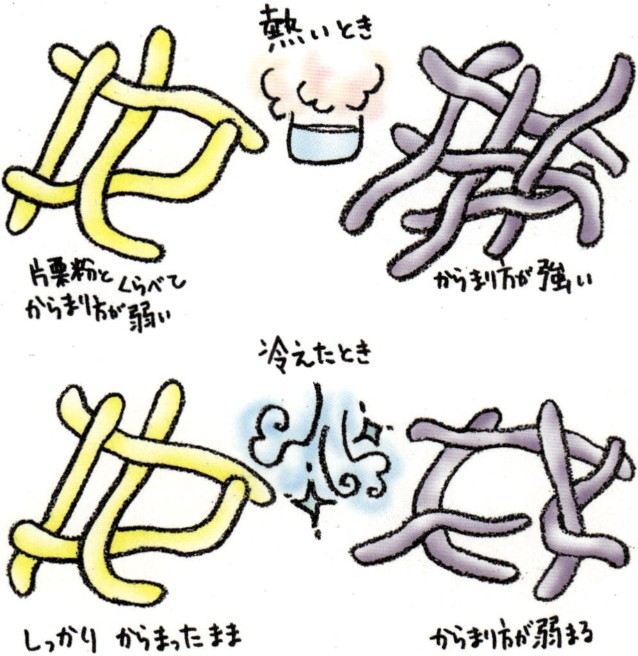
熱いとき
片栗粉と くらべて からまり方が 弱い
からまり方が 強い
冷えたとき
しっかり からまったまま
からまり方が 弱まる

おもしろ科学実験 No.11　難易度 ★★

①ハチミツと花の蜜の関係

ミツバチは花のありかを仲間に教えるため、花を見つけて巣に帰ると、ダンスを踊る。花が近くにあるときは、円を描くように踊り、花が遠くにあるときは8の字を描くようにダンスするんだって。ダンスのスピードは花の蜜の多さを示し、ダンスの方向は花の位置と太陽の角度を示しているとのこと。すごいよね。

ミツバチがハチミツを巣にためておくのは、花がない時期に自分たちの食料にするため。1匹のミツバチが1回に巣にもち帰る蜜の量は40mg程度。毎日毎日、何キロも飛んで、一生かけて巣にもち帰る蜜の量はティースプーン4分の1程度。大事に食べなくちゃいけない気がしてくるでしょ！

花の蜜の主成分はショ糖。つまり砂糖。でも、ミツバチが集めて保存したハチミツと砂糖はいろいろと違う。味が違うだけではなく、加熱したときのこげやすさなども違うので、ハチミツを砂糖代わりに使うときは注意が必要。ハチミツクッキーを作って、ハチミツと砂糖の違いを実感してみて！

わたしがひとりで
一生のうち運べる…
ハチミツの量は、
ティースプーンに1/4くらいなの。
もちろん！
大切に
食べてね♡

この実験で学べること

果糖とショ糖の違い。果糖は他の物質と反応しやすく、ショ糖は反応しにくい。

②クッキーを作ろう！

★材料

バター：100g、小麦粉：100g、卵黄：1個分、
グラニュー糖：大さじ1、ハチミツ：大さじ1

★必要なもの

ボール2つ、泡立て器

★作り方

①. ボールにバターを入れて、マヨネーズ状になるまでよく混ぜる

②. 卵黄を入れてさらに混ぜる

③. ②を2つのボールに半量ずつ分ける

④. 1つのボールにはグラニュー糖、もう1つのボールにはハチミツを入れて混ぜ合わせる

⑤. それぞれのボールにふるった小麦粉を50gずつ入れて、ざっくりと混ぜる

⑥. できた生地それぞれを、直径3センチ程度の棒状にし、冷蔵庫で1時間程度冷やす

⑦. 1cmの厚さに切り分け、150℃に予熱したオーブンで20分間焼く

★ワンポイント

- **焼きあがったものを、すぐに全部食べてしまわないように。1晩放置後にはどうなっているのかも、確認してね**

材料
・バター 100g
・小麦粉 100g
・卵黄 1個分
・グラニュー糖 大さじ1
・ハチミツ 大さじ1
バター 100g
バターをマヨネーズ状になるまでよく混ぜる。
卵黄 1個分
卵黄を入れてまぜる。
グラニュー糖
大さじ1をまぜる。
ハチミツ
大さじ1をまぜる。
1/2ずつに分ける。
小麦粉 50g
小麦粉 50g
ふるった小麦粉をさっくりとまぜる。
直径3cmの
棒状にし、
冷蔵庫で1時間。
1cmに切り
150度のオーブンで20分焼く。

③どうして焼いたクッキーの色が違ったの？

ハチミツを使ったものと、グラニュー糖を使ったものでは、焼き上がりの色が全然違う。ハチミツ入りのほうが茶色くなる。色だけでなく、味もかなり違うし、一晩放置後は食感も違う。

ハチミツは、ミツバチが花の蜜を集めたもの。だけど、花の蜜とは成分が違う。花の蜜は、ほとんどショ糖からできている。ミツバチは花の蜜を吸い込んだあと、体内で自分自身の分泌液と混ぜて巣の中に貯蔵する。分泌液には、ショ糖を果糖とブドウ糖に分解する酵素が含まれている。巣の中で貯蔵している間に、ショ糖の分解が進むので、ハチミツの中にはショ糖がほとんどなくなり、果糖とブドウ糖が増える。レンゲの花のハチミツの場合、果糖が37％、ブドウ糖が36％、ショ糖は2％程度となる。

クッキーを焼くと茶色になるのは、果糖やブドウ糖が小麦粉の中のアミノ酸と反応し、メラノイジンという茶色の物質を作るから。パンの焼き色、肉の焼き色など食品を加熱したときの焼き色の多くは、メラノイジンによるもの。

果糖はメラノイジンを作りやすく、吸湿性も高い。そのためハチミツを入れたクッキーは、茶色くなる。一晩放置後に、しっとりとするのは果糖の吸湿性のせい。一方、グラニュー糖の成分は、ショ糖99.95％。ショ糖はメラノイジンを作りにくいので、加熱しても茶色になりにくい。そして吸湿性も低いので、さくさくしている。

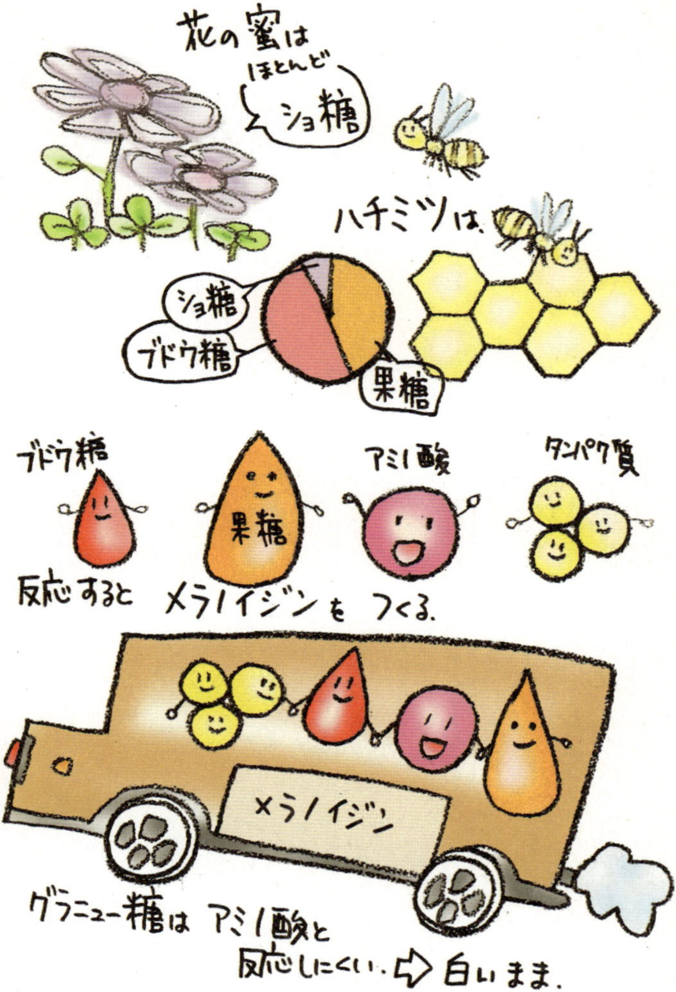
花の蜜は
ほとんど
ショ糖
ハチミツは、
ショ糖
ブドウ糖
果糖
ブドウ糖
果糖
アミノ酸
タンパク質
反応すると　メラノイジンを　つくる。
メラノイジン
グラニュー糖は　アミノ酸と
反応しにくい。⇨ 白いまま。

第3章

キッチンでLet's Try
～和菓子編～

科学的な視点をもつクセがつけば、いつでもどこでもそこは研究室に早変わり。どうして焼き芋はおいしいんだろうって調べてみると、そこにはいろいろな科学的事実がある。1つなにかを知れば、1つ世界が広がるもの。子どもといっしょに世界を広げてね！

おもしろ科学実験 No.12 難易度 ★★☆

① βはだめ、αはOK！

植物は、光合成によって作ったブドウ糖をどんどんくっつけて、長い鎖状にして保存する。これがデンプン。お米やジャガイモ、小麦、小豆などデンプンがたくさん含まれているものには共通点がある。そのままでは食べられないけど、加熱すると食べられるようになることと、冷えるとまずくなること。炊きたてのご飯は粘りがあっておいしいけど、冷蔵庫に入れておくと、パサパサになってまずくなるでしょ。これはデンプンが変化しちゃうからなんだよ。

デンプンが変化しやすい温度は0～3℃。冷蔵庫の中って、変化しやすいってことだよね。だから、パンやご飯は冷凍庫に保存したほうが、おいしく食べられる。

生米を炊いてご飯になるときのデンプンの変化を「糊化《こか》」っていう。粘りがでて糊状《のりじょう》になるからだね。小豆をつぶあんにするのも「糊化」。つぶあんも粘りがあるでしょ？

で、ご飯を冷蔵庫に入れてぱさぱさになっちゃうときのデンプンの変化は「老化」っていう。それもイメージどおりだといえばそうだけど……。

のり、探してるの？
ピー
あ、のりができたよ！
糊化してるからねー．

この実験で学べること

αデンプンとβデンプンの違い。人間の消化酵素はβデンプンは分解できないが、αデンプンは分解できる。

②つぶあんを作ろう！

★材料

小豆：100g、砂糖：100g、塩：少々

★作り方

①. 小豆を水洗いしたあと、たっぷりの水に浸けて1晩おく

②. 鍋に入れて、弱火で煮る

③. 沸騰したら、いったん水を全部捨てる

④. ひたひたの水を加え、さらに弱火で煮る

⑤. 指で簡単につぶせるくらいにやわらかくなったら、砂糖と塩を入れる

⑥. 弱火にして、こげつかないように木ベラで混ぜる

⑦. ねばりがでてきたらできあがり

★確認しよう！

1. 水に浸す前の小豆の大きさと、1晩放置後の小豆の大きさを比べてみよう

2. 砂糖を入れる前の小豆を食べてみよう。味はする？

材料
・小豆 100g
・砂糖 100g
・塩 少々
小豆を水洗いした後
水に一晩つける。
弱火で煮て
ふっとうしたら
いったん水を捨てる。
ひたひたの水で弱火で煮る。
指でつぶせたら
塩 少々
砂糖 100g
まぜながら弱火で煮る。
ねばりがでたら
できあがり。

③どうしてつぶあんは粘りがでたの？

光合成によってできたブドウ糖は、長くつながってデンプンとなる。このつながり方には、「ほぼ一直線」と「ちょこちょこ枝分かれ」の2通りがある。一直線ものはアミロース、枝分かれしたものはアミロペクチンと呼ばれる。デンプンにはアミロースとアミロペクチンの2種類があるというわけ。

アミロースとアミロペクチンはぎゅっと固まって粒をつくっている。これがデンプン粒。このデンプン粒は、水に溶けない。この状態をβデンプンといって、人間の消化酵素では分解することができない。そして、βデンプンは舌にある味細胞にとって大きすぎて取り込むことができないために、味を感じることができない。

小豆に水を加えて1晩放置すると、小豆が大きくふくらむ。これはデンプン粒の中に水が入り込んだから。この状態で加熱をすると、この粒の中にさらに水が入り込み、どんどんふくらんで、ついには破裂！　そうすると、ぎゅっと固まっていたアミロースやアミロペクチンがバラバラになる。そして、お互いにからまりあう網目構造を作るので、粘りがでる。これがαデンプンの状態。消化酵素は、αデンプンを分解することはできる。

やわらかくなった小豆をかみ続けると、甘くなってくる。これは、ほぐれたアミロースやアミロペクチンが唾液中に含まれるアミラーゼにより分解され、味細胞にくっつくことができる小さな麦芽糖やブドウ糖になったから。ご飯をずっとかみ続けると甘くなるのも、これと同じ。冷えたご飯が固くなってまずくなるのは、ほぐれたアミロースやアミロペクチンがまた固まってβデンプンになっちゃうからなんだって。

アミロース
β《ベータ》デンプン
切れません
アミロペクチン
こうそ
α《アルファ》デンプン
切れます。
こうそ
すると
甘味を感じます。
麦芽糖
ブドウ糖
甘♡
甘♡

おもしろ科学実験 No.13 難易度 ★

①「弱」のほうがいいこともある!?

女性はたいてい、焼きいもが好き。ではなぜ女性は焼きいもが好きなのか？　そこには隠れた科学的な理由がある!?

ビタミンCを多く含む食べ物といって思いだすのは、レモンやみかん。でも、サツマイモの中にも、ビタミンCがたくさん含まれている。柑橘類のビタミンCは加熱をすると壊れてしまうんだけど、サツマイモのビタミンCは加熱しても壊れにくい。

そしてサツマイモは食物繊維も多くて、便秘解消に効き目抜群。ビタミンCと食物繊維が両方とれるということは、お肌にとてもよい。焼きいもはおいしいうえに、お肌にいいんだから、女性が好きなわけだよね〜。

でも、サツマイモを食べ過ぎると胸焼けがするし、ガスもでる(˘_˘；)　これは、サツマイモの中のデンプンとか食物繊維が消化しにくいからなんだって。人間の消化酵素では分解できなかった糖質は、腸内細菌の栄養源となる。腸内細菌によって分解されると、ガスが発生する。ガスといってもデンプンが分解されてできるのは、二酸化炭素やメタン。だから本当は無臭。臭くなるのは、肉などのタンパク質やネギなどの香味野菜が分解されてできた硫化水素、二硫化硫黄が原因。サツマイモは無実！

この実験で学べること

サツマイモのアミラーゼの働き方と、甘味の生成について。アミラーゼがデンプンが分解して、麦芽糖に変えるので、甘味を生じる。

②サツマイモの甘さを比べよう！

★材料

サツマイモ：1本（200gほど）

★必要なもの

箸

★やり方

①．サツマイモを半分に切る

②．次の2通りで加熱する

・電子レンジ（強）で4分加熱。

・電子レンジ（弱）で10分ほど加熱

いずれも箸で刺してみて固かったら、加熱時間を増やしてね

材料　・サツマイモ
1本（200gほど）

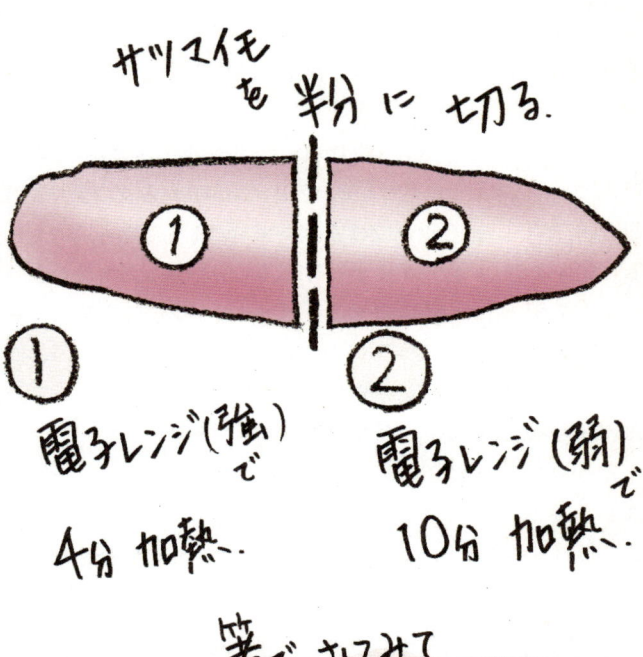

サツマイモを半分に切る。

① 電子レンジ（強）で4分加熱。

② 電子レンジ（弱）で10分加熱。

箸でさしてみて

固かったら加熱時間を増やしましょう。

③同じサツマイモなのに、どうして甘さが違うの？

サツマイモにはアミラーゼという酵素が含まれている。この酵素は、デンプンを分解して麦芽糖にする。デンプンは、食べても甘くないけど、麦芽糖は甘い。だから、アミラーゼが働いて、麦芽糖が増えるかどうかで、サツマイモの甘味は決まる。

アミラーゼは、ほぐれたデンプン（αデンプン）は分解できるけれど、固まったデンプン（βデンプン）は分解できない（つぶあんの88ページ参照）。サツマイモのデンプンがβからαに変わる温度は65～75℃。65℃以下ではβデンプンのままだから、アミラーゼは働かない。一方、アミラーゼは70℃以上になると働かなくなってしまう。このため、アミラーゼがデンプンを麦芽糖に分解できる温度は、65～70℃という狭い範囲にかぎられてしまう。

だから、甘くておいしいサツマイモにするには、65～70℃である時間を、いかに長く保持するかがポイント。

電子レンジ（強）での加熱では、急激に温度が上がり、65～70℃の時間帯が短いため、アミラーゼが十分に働かない。そのため、やわらかいけど、甘くないサツマイモになってしまう。電子レンジ（弱）での加熱では、温度変化がゆっくりで65～70℃の温度帯が長いので、電子レンジ（強）で加熱したときよりも甘いサツマイモになる。

サツマイモのいちばんおいしい食べ方である石焼きいもの場合、ゆっくり加熱されるため、65～70℃である時間が長い。だから麦芽糖が増えて甘くなる。それに加えて、表面がパリッとするので食感がよくなるし、水分が減ることにより甘味が凝縮されるので、よりおいしくなるんだよね。

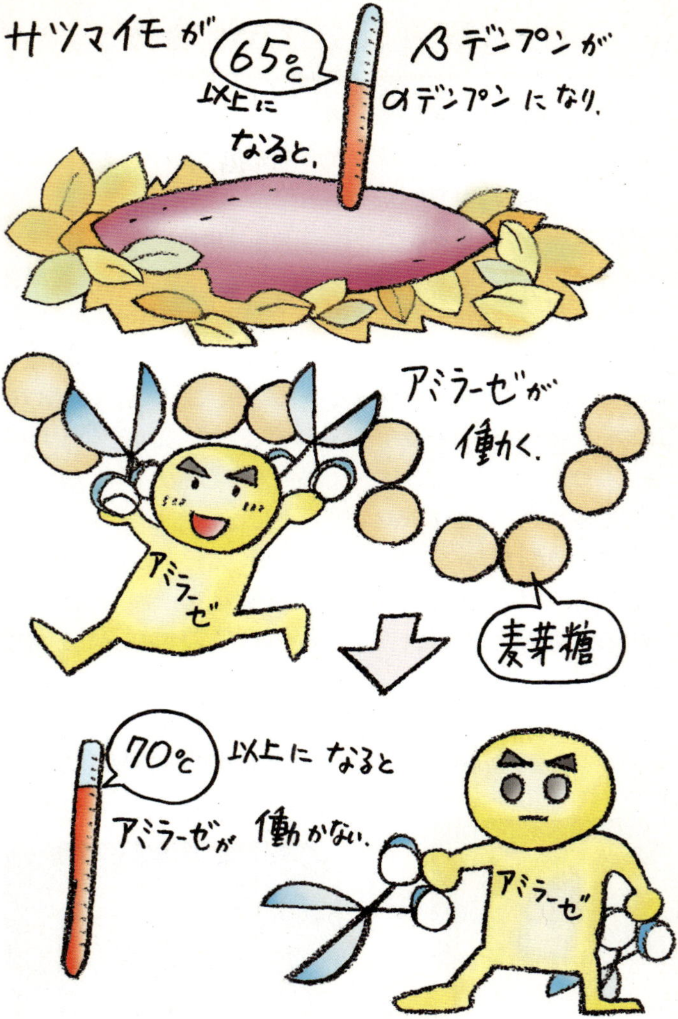

サツマイモが
65℃
以上に
なると、
βデンプンが
αデンプン になり、
アミラーゼが
働く。
アミラーゼ
麦芽糖
70℃
以上に なると
アミラーゼが 働かない。
アミラーゼ

おもしろ科学実験 No.14 難易度 ★★

①むかずに溶かそう！

果物の消費量ランキングの1位はオランダで、1人あたり年間182kg。2位はギリシャとデンマークで、147kg。一方、日本は56kgで、先進国では最低レベル。

日本で果物が食べられなくなっている理由の1つは、ケーキや和菓子といったお菓子が手軽に買えるので、デザートとして果物を食べなくなったから。でも、もっと大きな理由は、「皮をむいたりするのがめんどくさいから」。リンゴはもちろん、みかんの皮をむくのもめんどくさい人が増えているんだって。でも、「健康のために、果物は食べたほうがいい」ということで、売れ筋なのは「果実入りゼリー」。確かにこれなら、皮をむく必要はないもんね。

さてここで、缶詰のみかんを思いだしてみる。缶詰のみかんって薄皮までむけているけど、手でむいているわけないよね。どうしているかといえば、薄皮を溶かしているんだって。そしてこの方法は家庭でもできるし、夏みかんやいよかんの薄皮も溶かすことができる。

柑橘類をたくさん食べるにはいい方法じゃない？　でも、シロップのカロリーが高いので、食べすぎには注意が必要だけど。

この実験で学べること

pHによるペクチンの変化。みかんの薄皮に含まれるペクチンはアルカリ性では分解される。

②みかんのシロップ漬けを作ろう！

★材料

みかん：2個、重曹：小さじ半分、水：500ml

＜シロップ＞

熱湯：100ml、砂糖：50g

★必要なもの

鍋（アルミ以外）、ボール2つ、箸、おたま

★作り方

①. ボールに熱湯100mlと砂糖50g混ぜて溶かしたあと、冷蔵庫で冷やして、シロップにする

②. みかんの皮をむき、一房ずつ、バラバラにする

③. ボールに水を入れておく

④. 水500mlを鍋に入れ中火にかけ、沸騰させ火を止める

⑤. 重曹を入れ箸でよく混ぜたら、みかんを入れて弱火で1分程度加熱して、火を止める

⑥. 薄皮がはがれてきたら、おたまで水を入れたボールに移す。みかんが崩れやすいので注意して！

⑦. ボールの水を2回ほど換え、実についた重曹水を落とす

⑧. ①のシロップに浸ける

★ワンポイント

- **いよかんや夏みかんの皮もむける**
- **重曹水がついたままだと苦いので、よく洗い流して！**

材料
・みかん 2個
・重曹 小さじ1/2
・水 500ml
シロップ
・水 100ml
・砂糖 50g
シロップを作る。
砂糖 50g
熱湯 100mlにとかす。
冷蔵庫で冷やす。
みかんを1ふさずつばらす。
水 500ml
ふっとうしたら火を止める。
重曹 小さじ1/2
よくまぜたら、
みかんを入れ
弱火で1分加熱。
うす皮がはがれてきたら
水を入れたボールに移す。
水は2回ほどかえる。
シロップにつけます。

③どうしてみかんの薄皮はなくなったの？

みかんの薄皮の主成分はペクチン。ペクチンは細胞と細胞をつなぎ合わせる接着剤のような役割をしているもので、ほとんどの果物に含まれている。そのままでは水に溶けないけど、酸性の溶液の中で砂糖といっしょに煮ると溶けだして、網目構造を作る（ジャムの132ページ参照）。

一方、アルカリ性の溶液の中に入れると、ペクチンは分解されてしまう。重曹を入れたお湯は、アルカリ性なので、ペクチンが分解されて、薄皮がなくなる。でも、どうしてアルカリ性溶液に入れると分解してしまうのだろう？

ペクチンは、ガラクツロン酸がたくさんつながったもの。ガラクツロン酸は酸と名前につくんだけど、糖の一種（ややこしい！）。つながり方を分子レベルと見ると、つながっている部分はR-CO-OR’という構造になっている。アルカリ性溶液の中では、このつながりの部分がR-CO- と-OR’に切れるので、ペクチンはバラバラになる。

重曹の溶液に入れて時間が経ちすぎると、薄皮部分のペクチンだけでなく、1つぶひとつぶをつないでいる部分のペクチンまで分解されて、バラバラのつぶ状態になっちゃうので、注意が必要。そうなったら、ゼラチンで固めてつぶつぶゼリーにして食べてね。

ペクチンは
ガラクツロン酸
が
長く
つながったもの。
CO
O
アルカリ性溶液に入れると、
バラバラになります。
酸性溶液に入れるとからまります。
さとう
H_2O

おもしろ科学実験 No.15　難易度 ★★

①どっちも冷やすと固まります

ダイエットの味方といえば、食物繊維たっぷりの寒天！　食物繊維とは、「人間の消化酵素で消化されない植物細胞の構造物質」……なんのこと??

植物の細胞と動物の細胞で大きな違いはなにかというと、植物の細胞には細胞壁があって、動物の細胞には細胞壁はないということ。

動物には骨があるので、身体を支えることができるけど、植物に骨はない。では、どうやって身体を支えているかというと、1つひとつの細胞の周りが壁、つまり細胞壁で囲まれていて、硬くなっている。だから積み重なることができる。

植物の細胞壁を作っているのはセルロースで、細胞壁同士をくっつける役割を果たしているのはペクチン。このセルロースやペクチンは、人間の消化酵素では分解できない。つまり、消化・吸収できない。カロリーゼロ！　こういうのが、食物繊維。

昔は、カロリーがないから栄養的に意味がないとされていた食物繊維。でも、肥満防止や大腸がんの抑制作用などがあることがわかってきたので、2000年の第6次改定「日本人の栄養所要量」でめでたく「栄養素」と認定されたんだって。

ここで
お昼寝？
ぽか
ふーん
これは実験です
光合成ですよ
やっぱ昼寝じゃん！
ぐー

この実験で学べること

ゼラチンと寒天の違い。固まる温度や固まってから溶ける温度が違うので食べたときの感触も異なる。

②ゼラチンと寒天を比べてみよう

★材料

＜ゼラチンの場合＞

粉ゼラチン：5g、ジュースなど：200ml、水：50ml、砂糖：15g

＜寒天の場合＞

粉寒天：4g、ジュースなど：400ml、水：100ml、砂糖：30g

★必要なもの

耐熱容器、鍋、ボール、ゼリー型

★作り方

＜粉ゼラチンの場合＞

①. 水に砂糖を混ぜ電子レンジ（強）で、1分加熱する

②. ①にゼラチンを加えて、よくかき混ぜる

③. ジュースに②を加えよく混ぜたあと、型に入れる

＜寒天の場合＞

①. 鍋に水と砂糖と粉寒天を入れ、弱火で加熱する

②. 粉寒天が溶けたら、ジュースを入れて混ぜ、型に入れる

★ワンポイント

- 液体の合計は、粉ゼラチン、粉寒天の説明書にある容量にすること。多すぎると固まりにくい
- 甘さが足りないなど失敗したときは、温めなおして溶かしてやりなおすことができる

材料

- 粉ゼラチン 5g
- ジュースなど 200ml
- 水 50ml
- 砂糖 15g

- 粉寒天 4g
- ジュースなど 400ml
- 水 100ml
- 砂糖 30g

粉ゼラチン
砂糖 15g
水50mlに まぜる。
電子レンジで 1分 加熱。
ゼラチン 5gを よくまぜる。
ジュース200mlを 加え、型に入れる。
寒天
砂糖 30g
寒天 4g
水 100ml
弱火で加熱する。
寒天がとけたら ジュースを 入れる。
まぜて 型に入れる。

③ゼラチンと寒天はどう違うの？

ゼラチンと寒天、どちらもゼリーなどの冷果の材料として使われる。温めれば溶けるし、冷やせば固まるという性質は同じだけど、この2つにはいろいろな違いがある。

まずカロリー。ゼラチンは動物のコラーゲンからできている。アミノ酸が長くつながったタンパク質で、100gあたり約334kcalあるし、消化・吸収されて栄養源になる。

一方、寒天は、海の中に生えるテングサ（天草）からできている。主成分は、糖質がつながってできた食物繊維。この食物繊維を、人間はほとんど消化・吸収できない。したがって、カロリーゼロ。

次に固まり方。ゼラチンは加熱して溶かしたあと、10℃以下にならないと完全には固まらない。一度固まったゼラチンが溶ける温度は30℃程度。だから、ゼラチンで作ったゼリーやグミは口の中で溶けて、ねっとりとする。寒天のほうは加熱して溶かしたあと、30～40℃で固まる。そして、一度固まった寒天が溶ける温度は80℃以上。口の中では溶けない。夏にゼラチンで作ったゼリーを室内においておくと溶けちゃうことがあるけど、寒天で作った水ようかんは、室内においていても溶けない。これは、固まったあとに溶ける温度が違うから。ゼラチンと寒天は、固まったときの色も違う。ゼラチンは透明だけど、寒天は不透明。みつ豆やあんみつに入っている寒天も白いもんね。

ゼラチン
口のなかで溶ける。
寒天
口のなかで溶けない。
動物のコラーゲンからできる。
天草（海そう）からできる。
10℃
10℃以下で固まる。透明
30〜40℃
室内でも固まる。不透明
ぐにゃ
つるん
食感が全然ちがいます。

おもしろ科学実験 No.16 難易度 ★★

①似ているけど、違う!?

「口に入れても安全なものでお掃除」とか「エコ・クリーニング」とかで、最近人気の重曹。油汚れに重曹をふりかけておいてから拭き取ると、確かにきれいになる。これは重曹が油と化学反応を起こし、汚れを浮き上がらせるから。

さて、お菓子を作るときにも、重曹を使うことがある。どういう目的かというと、お菓子をふくらませるため。温泉まんじゅうなど皮が茶色いものには、重曹が使われていることが多い。同じようにふくらませる目的でも、スポンジケーキを作るときは、たいていベーキングパウダーを使う。

ベーキングパウダーの原材料をよく見ると、重曹が含まれている。ベーキングパウダーと重曹の違いってなんだろう？　確かめるために、蒸しパンを作ってみたら、ベーキングパウダーと重曹では仕上がりの色が全然違うし、味も違った!!

加熱前は重曹入りとベーキングパウダー入りの区別はつかないのに、加熱すると違いは明らか。だから、実験はおもしろいんだよね～。

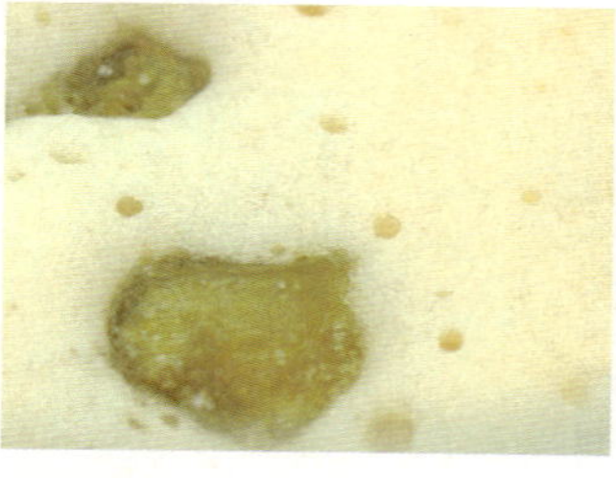

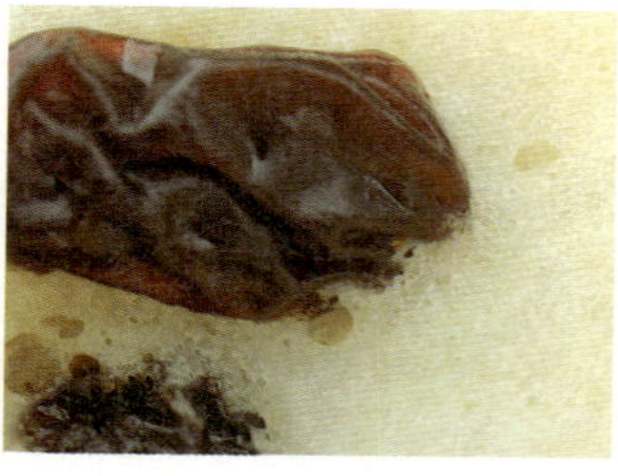

この実験で学べること

pHによるフラボノイドの色の変化。小麦粉の中のフラボノイドは、中性では無色だが、アルカリ性では黄色くなる。

②蒸しパンを作ろう！

★材料

＜重曹を使う場合＞

小麦粉：50g、砂糖：30g、重曹：小さじ半分、水：50ml、甘納豆：少々

＜ベーキングパウダーを使う場合＞

小麦粉：50g、砂糖：30g、ベーキングパウダー：小さじ半分、水：50ml、レーズン：少々

★必要なもの

耐熱容器4つ、ボール2つ、粉ふるい、食品用ラップ

★作り方（どちらも作り方は同じ）

①. 砂糖と水をボールに入れ、よく混ぜる

②. 小麦粉と重曹小さじ半分を粉ふるいでふるい、①に加えて混ぜる。少々ダマがあっても大丈夫

③. 耐熱容器2つに分けて入れる。重曹入りとわかるように、甘納豆を上に散らす

④. 次に重曹の代わりにベーキングパウダーを使い、①～③を行う。ベーキングパウダー入りとわかるように、レーズンを上に散らす

⑤. 4つの耐熱容器をラップでおおい、電子レンジ（弱）で5分ほど加熱。箸を刺してみて、なにもついてこなかったら完成。箸に生地がついてくるようなら、再度加熱する

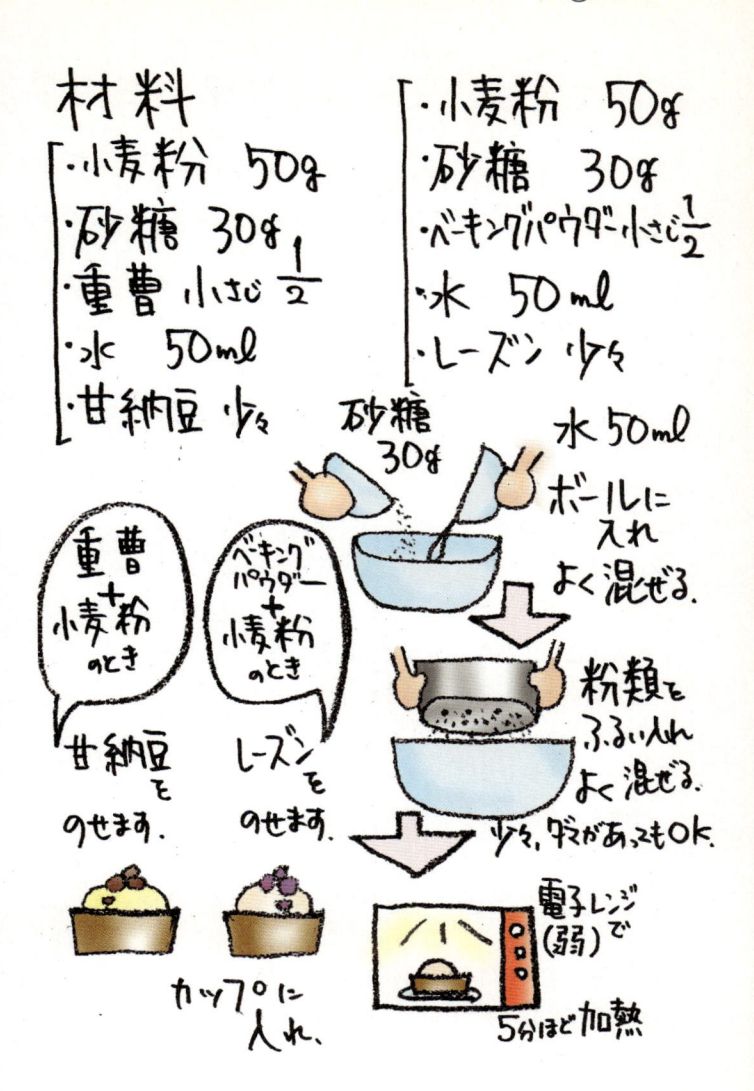

材料

- 小麦粉 50g
- 砂糖 30g
- 重曹 小さじ $\frac{1}{2}$
- 水 50ml
- 甘納豆 少々

- 小麦粉 50g
- 砂糖 30g
- ベーキングパウダー小さじ $\frac{1}{2}$
- 水 50ml
- レーズン 少々

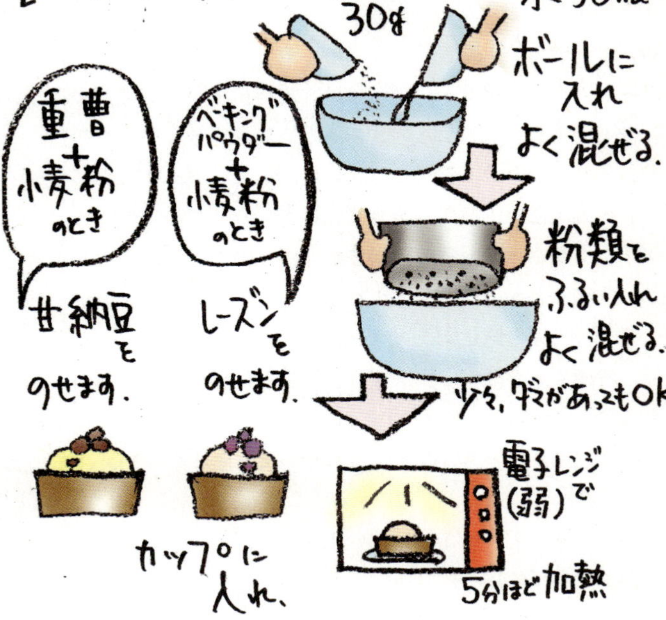
砂糖 30g
水 50ml
ボールに入れよく混ぜる。
粉類をふるい入れよく混ぜる。
少々、ダマがあってもOK.
重曹+小麦粉のとき
甘納豆をのせます。
ベーキングパウダー+小麦粉のとき
レーズンをのせます。
カップに入れ、
電子レンジ(弱)で
5分ほど加熱

③どうしてできあがった蒸しパンの色が違うの？

重曹で作った蒸しパンは黄色くなったのに、ベーキングパウダーで作った蒸しパンは白い。これは、小麦粉の中のフラボノイドという色素のせい。フラボノイドは酸性から中性では無色だけど、アルカリ性だと黄色になる。

重曹は加熱すると、炭酸ガス（二酸化炭素）と炭酸ナトリウムになる。炭酸ナトリウムはアルカリ性。だから、重曹で作った蒸しパンの中はアルカリ性になり、その結果、小麦粉の中のフラボノイドが黄色くなったというわけ。炭酸ナトリウムは苦いので、重曹入りの蒸しパンは苦味を生じる。

さて、ベーキングパウダーには、重曹のほかに酸性剤が含まれている。重曹は酸性のものがあると、炭酸ガスと中性の物質になり、炭酸ナトリウムはできない。そのため、ベーキングパウダーで作った蒸しパンはアルカリ性にはならなくて、中性のまま。だから、フラボノイドは無色のままで白い蒸しパンができあがったし、苦味もなかったというわけ。

でも、重曹と酸性剤だけ入れておくと、加熱しなくても反応して、炭酸ガスを発生してしまう。これでは保存に適さない。このためベーキングパウダーの中にはコーンスターチが入っていて、重曹と酸性剤がくっつかないようになっている。とはいえ、ちょっとずつは反応してしまうので、古くなったベーキングパウダーは、お菓子をふくらませる力が弱くなってしまっている。「スポンジケーキがふくらまない！」という失敗は、古いベーキングパウダーを使ってしまったのが原因かもね。

重曹だと
フラボノイド
フラボノイド
ベーキングパウダーだと
フラボノイド
フラボノイド
アルカリ性
中性
酸性
ベーキングパウダーの中身は
重曹、コーンスターチ、酸性剤など
ベーキングパウダー
いろいろまざっています。
重曹
コーンスターチ
酸性剤

第4章

キッチンでLet's Try
～洋食編～

理科好き＆料理上手になるためには、成功と失敗の原因をきちんと把握することが大切。実際に手を動かして、実験をして、成功する科学的理由や失敗の科学的原因を実感してね。

おもしろ科学実験 No.17 難易度 ★

①食べる前に甘味をチェック！

鉄の塊は水に沈むけど、木片は水に浮く。これはあたり前。じゃあ、水銀に鉄の塊を浮かべると、どうなると思う？　浮かぶんだよ～。水銀にも沈むものは金。同じ大きさの鉄と金だったら、金のほうが2倍以上も重いんだって。

「古代ギリシャの王様が、金の塊を金職人に渡して王冠を作らせた。でも、金職人が預かった金と同じ重さになるように混ぜ物をし、ごまかして金を少し盗み取ったという噂があった。王様はアルキメデスに『できあがった王冠を壊さずに純金かどうかを確かめる方法を考えるように』と命じる。アルキメデスはお風呂に入っているときに答えを思いつき、『ユーレカ！（わかったぞ）』と叫んだ」というのは有名な話だけど、なにがわかったんだと思う？

これって、金がすごく重いことと関係している。同じ重さなら、金とほかの金属、たとえば鉄、銀、鉛でどれがいちばん小さくなるかといえば、金。つまり、鉄や銀、鉛は、金よりも大きいわけ。そこでアルキメデスはまず、王冠と同じ重さの純金を用意して、水で満たした水槽に沈めた。そうすると、純金の大きさの分だけ水があふれるよね。そのあと、純金を取りだして、今度は王冠を水槽に沈めた。王冠が純金でできていれば大きさ（正確にいうと体積、ね）は同じだから、水槽の水はあふれないはず。でも、銀などほかの金属が含まれていると、純金よりも大きくなっているので、沈めると水があふれる。結果、水はあふれて、王冠が純金でないことがバレましたとさ。

トマトの甘さも水に沈めるとわかるんだよ。これも、「ユーレカ！」じゃない？

この実験で学べること

トマトの比重と甘味成分の関係。甘味成分が多いトマトは重くなる。

②甘いトマトを見分けよう！

★必要なもの

ミニトマト：15個程度、500ml以上入る透明な容器、砂糖

★やり方

①. 容器に水を500ml入れる。ミニトマトのヘタを取り除く
②. ミニトマトを水の中に入れ、浮いてきたトマトを取りだす
③. ②に砂糖大さじ1を入れて、よく混ぜる。浮いてきたトマトを取りだし、②で取りだしたトマトとは別にしておく
④. ③に砂糖大さじ1を入れて、よく混ぜる。浮いてきたトマトを取りだし、①と②で取りだしたトマトとは別にしておく
⑤. 沈んでいるトマトがなくなるまで、砂糖大さじ1を入れて浮いてきたトマトを取りだすことを繰り返す

水だけで浮いたトマト、砂糖大さじ1で浮いたトマト、砂糖小さじ2で浮いたトマト、砂糖大さじ3で浮いたトマト……。トマトは何グループに分けることができた？

★確認してみよう！

最初に取りだしたトマトと、最後に取りだしたトマトではどちらが甘い？

用意するもの
- ミニトマト 15個ほど
- 500ml以上入る透明な容器
- 砂糖 大さじ3〜

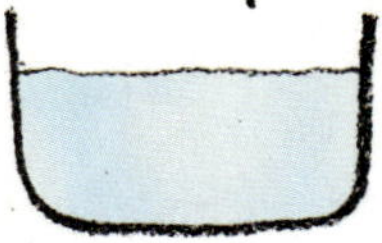

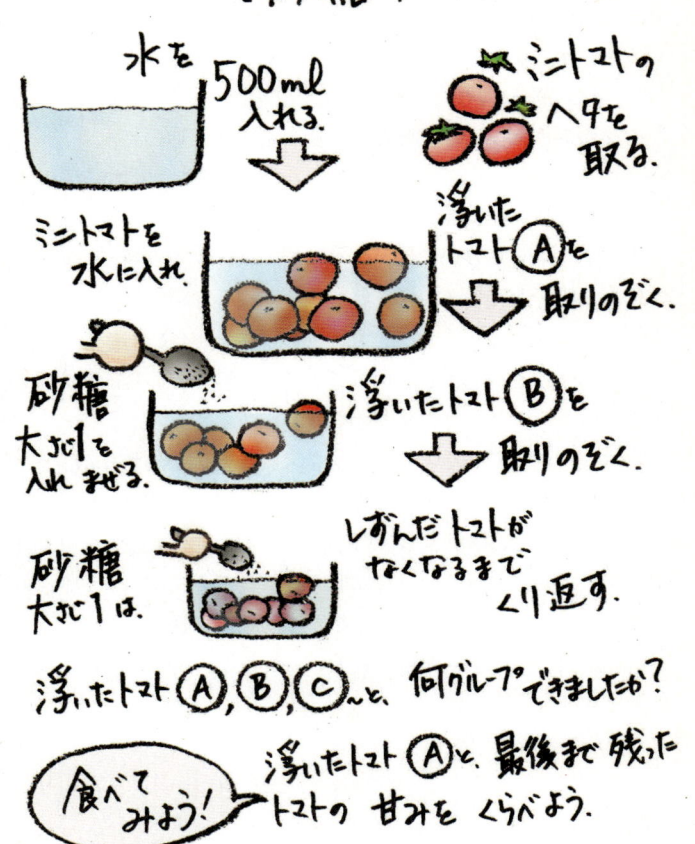

水を500ml入れる。

ミニトマトのヘタを取る。

ミニトマトを水に入れ、

浮いたトマトⒶを取りのぞく。

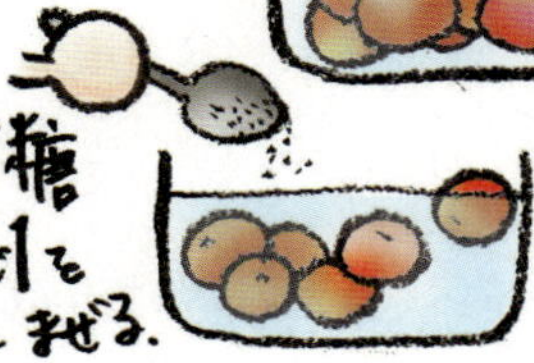

砂糖大さじ1を入れまぜる。

浮いたトマトⒷを取りのぞく。

砂糖大さじ1は、

しずんだトマトがなくなるまでくり返す。

浮いたトマトⒶ,Ⓑ,Ⓒ〜と、何グループできましたか？

食べてみよう！

浮いたトマトⒶと、最後まで残ったトマトの甘みをくらべよう。

③どうして甘いトマトは沈むの？

水に鉄は沈むけど、木は浮く。沈むか浮くかは、比重によって決まる。比重を簡単にいうと、同じ体積の水と比べたときに、どれだけ重いかを表したもの。水の比重は1.0。1.0より比重が大きいものは水に沈むし、1.0より小さいものは水に浮かぶ。鉄の比重は7.9なので水に沈むし、木材の比重は0.4〜0.6なので水に浮く。

なにかを液体に浮かべるとき、その比重が液体の比重よりも大きければ沈むし、小さければ浮く。水銀の比重は13.5で金の比重は19.3。だから、水銀に鉄の塊は浮いちゃうけど、金の塊は沈む。

トマトや果物が甘いのは、ショ糖、果糖、ブドウ糖といった甘味をもつ成分がたくさん含まれているから。甘味成分が多いトマトほど、比重が大きくなる。

さて、砂糖水は水よりも比重が大きい。溶けている砂糖の量が多ければ多いほど、比重は大きくなる。

真水では沈んでいたのに、砂糖を入れると浮かんできたトマトというのがあったよね？　これはそのトマトの比重が、水よりも大きかったけど、砂糖水よりは小さかったから。最後に取りだしたグループのトマトは、最初に取りだしたグループのトマトよりも比重が大きい。つまり、中に含まれる糖分が多いので、甘い。

とはいえ、中に空気が含まれているトマトの場合は、甘くても浮いちゃうんだけどね。

水の比
比重は
1.0
比重が大きいとしずむよ.
鉄の比重は7.9
同じに見えても
甘さがつまっている
トマトは…
甘い♡
ブドウ糖や
ショ糖が
たくさん!

おもしろ科学実験 No.18 難易度 ★☆☆

①電子レンジ活用法

カレーをおいしくするコツとしてよくいわれるのが、玉ねぎをあめ色になるまで炒めること。でも、これがなかなか大変。生の玉ねぎをみじん切りするのは目が痛くなるし、そのうえこがしてはいけないので、ずっとかき混ぜなくちゃいけない(>_<)。あめ色になるまでには、30分くらいかかる。よく炒めればいいのはわかっているけど、めんどくさい！

そもそもどうしてあめ色になるまで炒めるのかといえば、玉ねぎを甘くするため。甘くするだけだったら、ほかに方法がある。電子レンジで加熱しちゃえばいい。丸ごと加熱してしまえば、甘くなるうえに、切っても目が痛くならない。電子レンジってなんて便利！

食べ物を簡単に温めることができる電子レンジだけど、卵を丸ごと温めるのはとても危険。加熱すると、卵の中の水分が熱くなって水蒸気になる。水から水蒸気になると、体積は1000倍以上になる。鍋で卵をゆでる場合には、よく見ると卵の中から小さな泡が連続的にでている。電子レンジの場合は一気に加熱されるので、水蒸気が一度に大量に発生し、殻の中に入っていられなくなる。で、中から爆発しちゃう。気をつけよう！

この実験で学べること

電子レンジが食品を温めるしくみ。加熱による玉ねぎの成分の変化。

②玉ねぎを甘くしよう！

★材料

玉ねぎ：2個（150gくらい）

★実験その1

①. 玉ねぎ1個の皮をむき、4等分する。
②. $\frac{1}{4}$個分は取り除いておき、残りの$\frac{3}{4}$個分を電子レンジに入れる
③. 電子レンジ（強）で1分加熱し、$\frac{1}{4}$個分取りだす
④. 残りをさらに2分加熱し、$\frac{1}{4}$個分取りだす
⑤. さらに2分加熱し取りだす

★確認してみよう！

・**加熱していない玉ねぎと、1、3、5分間加熱した玉ねぎの全部で4種類の玉ねぎができた。それぞれの玉ねぎをみじん切りにしてみると、違いはある？　味には違いがある？**

★実験その2

①. 玉ねぎを皮ごと電子レンジで5分間加熱する

★確認してみよう！

茶色い皮の部分と、中身はどちらが熱くなった？

材料 ・玉ねぎ 2個（150g）

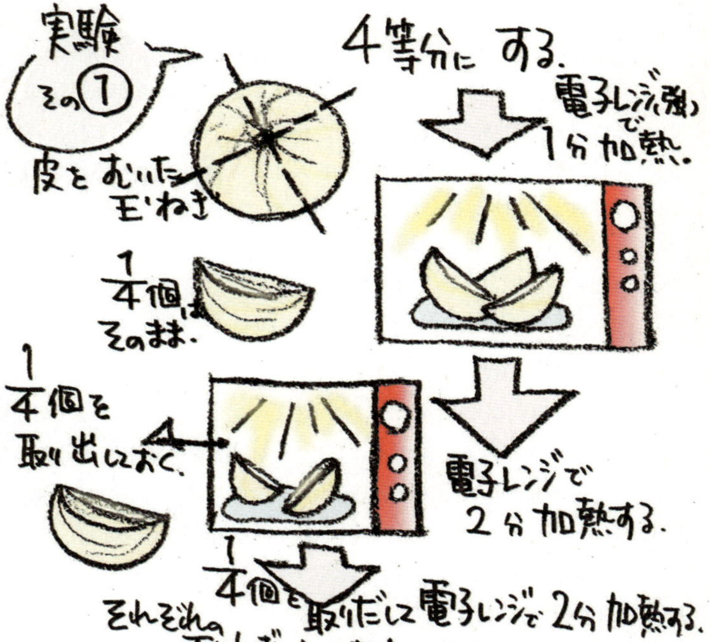
実験その1
皮をむいた玉ねぎ
4等分にする。
電子レンジ（強）で1分加熱。
1/4個はそのまま。
1/4個を取り出しておく。
電子レンジで2分加熱する。
1/4個を取りだして電子レンジで2分加熱する。

それぞれの玉ねぎ、どんな違いがありますか？

実験その2
玉ねぎを皮ごと電子レンジで5分加熱。
中身と皮の部分はどちらが熱い？

③どうして玉ねぎが甘くなったの？

生の玉ねぎは辛いのに、加熱後の玉ねぎは甘くなっている。そして、生の玉ねぎはきざむと涙がでるのに、加熱した玉ねぎでは大丈夫。生の玉ねぎの中には、硫化アリルという物質がある。これが辛味の原因であり、涙をださせる原因。でも、硫化アリルは加熱されると、プロピルメルカプタンという物質に変わる。この物質、砂糖の50倍も甘い。だから、加熱後の玉ねぎは甘くなる。そして、加熱した玉ねぎは硫化アリルが減少しているので、刻んでも涙がでにくい。

ではここで、電子レンジについてのお勉強。電子レンジで温めることができるのは、水分を含んだものだけ。なぜか？

水分子（H_2O）は、2つの水素原子（H）が1つの酸素原子（O）とくっついてできている。乾電池にはプラスとマイナスがあるけど、水分子にもプラスとマイナスがある。水素原子側がプラスで、酸素原子側がマイナス。水素原子側はマイナスに引き寄せられ、プラスには反発するし、酸素原子側はプラスに引き寄せられ、マイナスに反発する。

加熱中の電子レンジの中では、プラスとマイナスの向きが1秒間になんと24億5000万回も変わる！　水分子もそれに合わせて、ぐるぐると向きを変える。すごい勢いで動くので、水分子は熱を持つことになる。だから、熱くなるというわけ。

水分子がなければ、電子レンジに入れても熱くならない。だから、水分の少ない玉ねぎの皮は熱くならない。冷たい冷たいドライアイス。でも、ドライアイスは水分を含んでいないから、電子レンジで温めても、ちっとも温まらないんだよ〜。

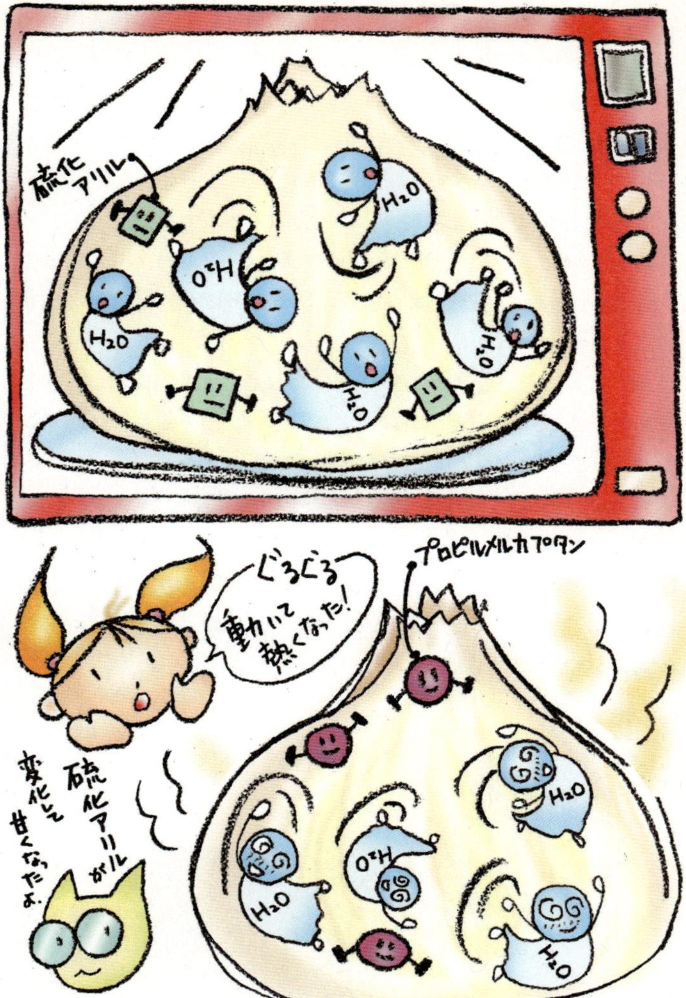
硫化アリル
H_2O
ぐるぐる
動いて熱くなった！
プロピルメルカプタン
H_2O
硫化アリルが変化して甘くなったよ。

おもしろ科学実験 No.19 難易度 ★★

①ちょうど熟したのがいいんです

イチゴって、実際に食べてみないと味がわからなかったりする。おいしそうに見えても、食べてみたら甘くなかったとか。それから、つい食べそこなって、傷みだしてしまうこともある。

そんなときはそのまま食べるのではなく、ジャムにしてしまうのが1つの手だよね。とはいえ、イチゴをジャムにするってなかなか難しい。水っぽくて固まらない「イチゴの砂糖煮」になってしまうことが多い。

調べてみたら、イチゴの砂糖煮になってしまった原因は、どうやら砂糖を減らしすぎたからだったみたい。ジャムを作るポイントは、ペクチンの量と砂糖の量と酸度。たいていの果物には、ペクチンが含まれているし、クエン酸などの酸も入っているので、砂糖といっしょに煮ると、ジャムにすることができる。砂糖の量は果物の40％以上必要なんだって。あと夏みかんの白いふわふわの部分には、ペクチンがいっぱい。だから長時間過熱しなくてもジャムになりやすい。夏みかんのジャムも作ってみてね！

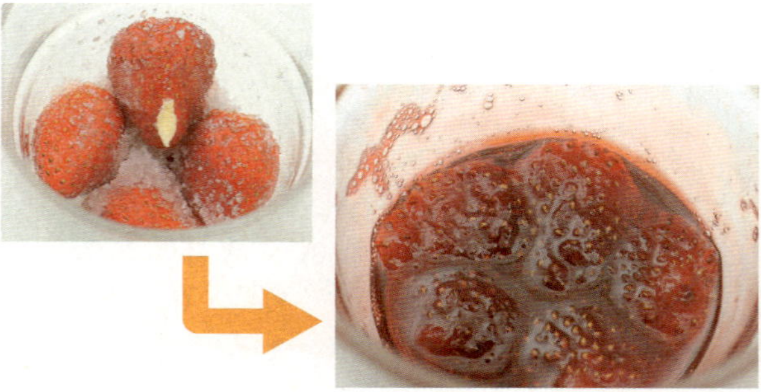

この白いふわふわに
ペクチンがたくさんあります.
と、言うことを知っているのでしょうか?
・・・。
ボクは知ってるケド.

この実験で学べること

果実の中でのペクチンのできかた。ペクチンが砂糖の分子とからまることにより、ジャムができる。

②イチゴジャムを作ろう！

★材料

イチゴ：50g、グラニュー糖：20g、レモン汁：少々、
サラダ油：1滴

★必要なもの

耐熱容器

★作り方

①. いちごをきれいに洗い、ヘタを取る
②. 耐熱容器に軽くつぶしたいちごとグラニュー糖を入れて、ざっと混ぜ30分ほど放置する
③. サラダ油を1滴たらしたあと、電子レンジ（強）で1分加熱後、取りだし軽く混ぜる
④. ふたたび電子レンジ（弱）で5分加熱する
⑤. 取りだして混ぜる
⑥. しばらく放置して、ジャム状になっていなかったら、再度、電子レンジ（弱）で加熱

★ポイント

油分があると、泡ができにくくなり、吹きこぼれが少なくなる。サラダ油ではなく、バターやマーガリンでもOK！

材料

- いちご 50g
- グラニュー糖 20g
- サラダ油 1滴

いちご 50g

洗ってヘタを取る。

グラニュー糖 20g

ボールに軽くつぶしたいちごを入れる。

30分ほど置いておく。

サラダ油

1滴入れる。

電子レンジ(弱)で5分加熱。

とりだしてまぜる。

しばらく置く。

ジャム状にならない場合

電子レンジ(弱)で5分加熱。→まぜる。

くり返します。

③どうしてジャムって固まるの？

イチゴだけをいくら加熱しても、ジャムにはならない。ジャムにするには、ペクチンと砂糖と酸があることが必要。

イチゴを砂糖といっしょに煮ると、イチゴの細胞からペクチンという物質が溶けだす。このペクチンが砂糖の分子とからまりあうとジャムになる。

ペクチンは、ガラクツロン酸がくさり状に1000個程度つながったもの。同じ果実でも、成熟段階によってガラクツロン酸のくさりの長さは変わっていく。熟していない果実では、ガラクツロン酸がすご一く長くつながっているので、砂糖といっしょに加熱しても、溶けだすことができない。

熟してくると、酵素によって長いくさりがところどころ切断される。そして、ガラクツロン酸が1000個程度につながったペクチンがたくさんできてくるというわけ。この長さだと溶けだすことができるし、溶けだしたあと、砂糖の分子とからまりあって網目構造を作ることができる。でも、熟しすぎると、ペクチンがさらに短く切断されてしまい、網目構造を作ることができなくなってしまう。だから、ジャムを作るときは、ちょうどいいぐあいに熟した果実を使うことがポイント！

ペクチンはほとんどの果物に含まれているんだけど、量が多いのは、夏みかんやレモン、柚子といった柑橘類。イチゴにはあまり入っていない。だから、柑橘類でジャムを作るときはあまり煮つめなくてもいいけど、イチゴの場合は煮つめる必要がある。

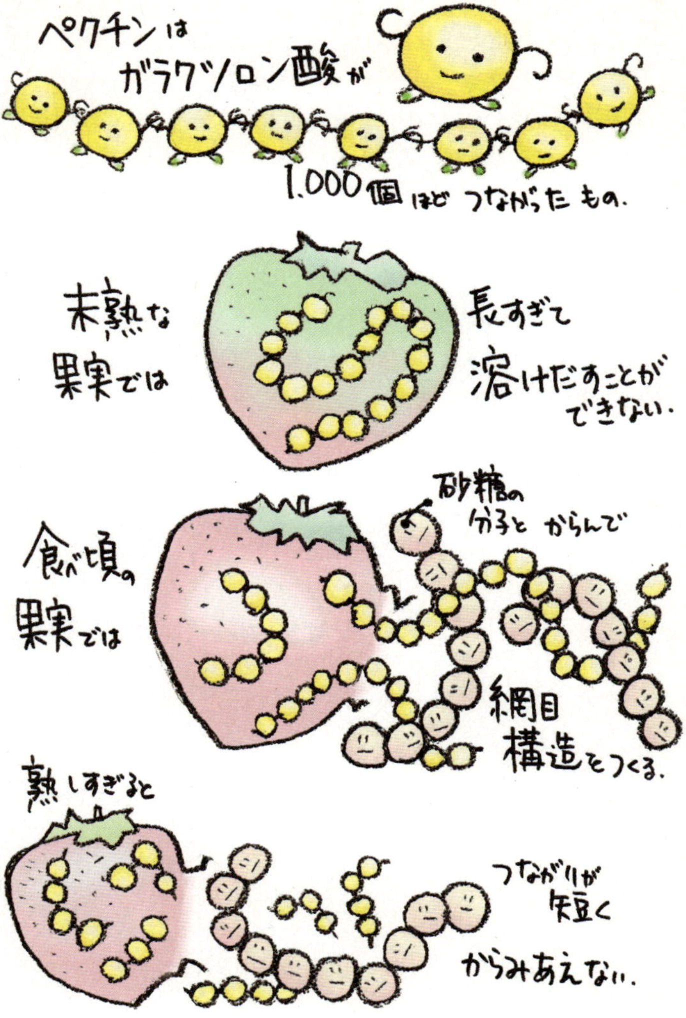
ペクチンは
ガラクツロン酸が
1.000個ほどつながったもの.
未熟な果実では
長すぎて溶けだすことができない.
食べ頃の果実では
砂糖の分子とからんで
網目構造をつくる.
熟しすぎると
つながりが短く
からみあえない.

おもしろ科学実験 No.20 難易度 ★★

①茶色にしたくない！

問題です。皮をむいたリンゴを茶色くしないためにはどうしたらいい？　日本でなら、多くの人が「塩水につける」と答えると思うけど、これってアメリカやヨーロッパの人にとっては、きっと難問。欧米では、リンゴは丸ごと食べるもので、皮をむいて食べることはあまりない。だから、茶色くならないようにする方法を知っている必要はないんだよね。

茶色くなっても味はあまり変わらないんだけど、まずそうに見えてしまうのも事実。「リンゴをウサギにする」のは、昔もいまも子ども向けお弁当作りの基本テクニック。これが茶色いウサギになっちゃっていると、子どもは食べてくれない（－－；）。ちゃんと塩水につけておかないとね。

変色　　変色せず

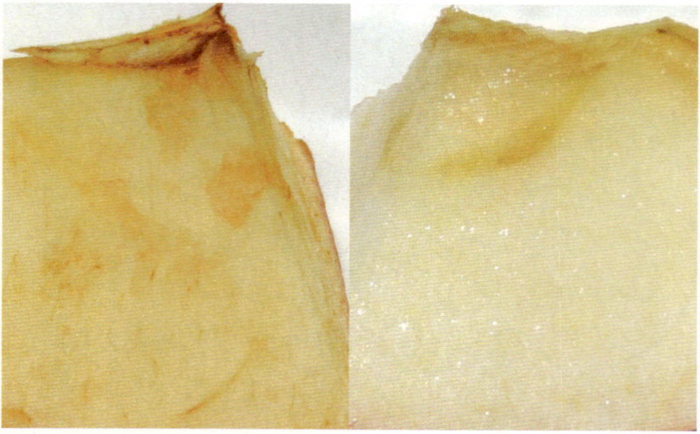

この実験で学べること

ポリフェノールオキシダーゼの働き方とその性質。ポリフェノールと酸素とポリフェノールオキシダーゼの関係。

②リンゴを茶色にしない方法を探そう！

★材料

リンゴ：$\frac{1}{4}$個、塩：小さじ1、レモン汁：小さじ1

★必要なもの

コップ4個（1個は電子レンジで使えるもの）

★実験してみよう！

①. コップにそれぞれ次のものを入れる

A：水カップ1と塩を小さじ1

B：水カップ1とレモン汁小さじ1

C：なにも入れない

D：なにも入れない（あとで電子レンジで加熱）

②. リンゴを4等分しコップに入れる

③. Dのコップを電子レンジ（強）で10秒加熱する

5分後、30分後、1晩放置後に観察してみる

★ワンポイント

- Bはレモン水の代わりにオレンジジュースなどでもいいよ
- リンゴがなかなか茶色くならなかったら、すりおろして実験してみてね

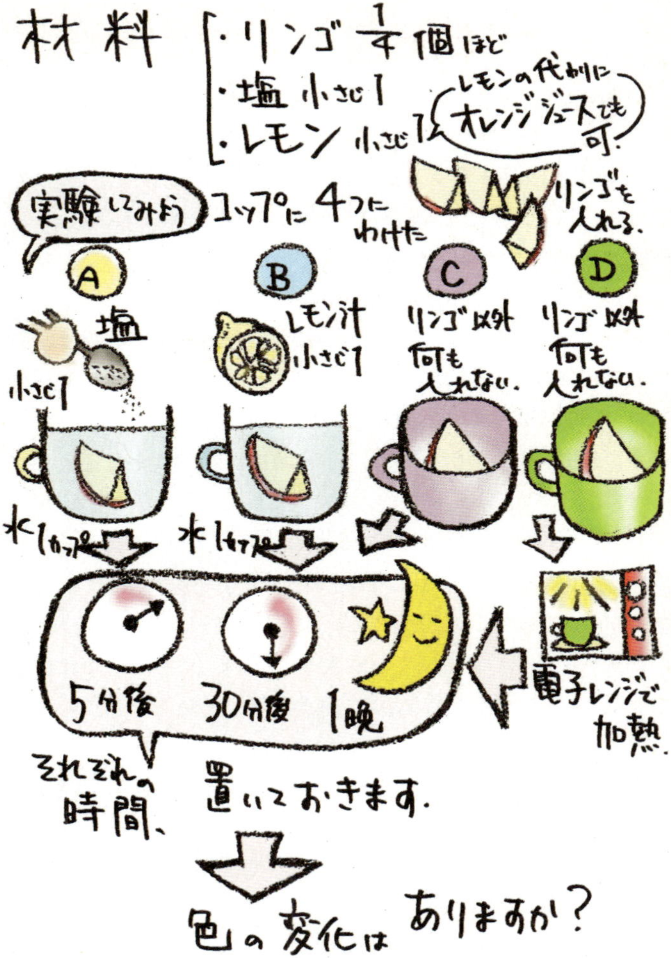
材料
・リンゴ 1/4個ほど
・塩 小さじ1
・レモン 小さじ1
レモンの代わりに オレンジジュースでも可。
実験してみよう
コップに4つにわけたリンゴを入れる。
A
B
C
D
塩
小さじ1
レモン汁 小さじ1
リンゴ以外 何も入れない。
リンゴ以外 何も入れない。
水1カップ
水1カップ
5分後
30分後
1晩
電子レンジで加熱。
それぞれの時間、置いておきます。
色の変化はありますか？

③どうすればリンゴが茶色にならないの？

リンゴの中には、ポリフェノールとポリフェノールオキシダーゼがある。ポリフェノールオキシダーゼというのは、ポリフェノールを酸素（オキシゲン）とくっつける酵素。ポリフェノールは無色なんだけど、酸素とくっつくと茶色くなる。ポリフェノールと酸素がいっしょにあるだけではくっつかないんだけど、ポリフェノールオキシダーゼがあるとくっついてしまう。

ポリフェノールとポリフェノールオキシダーゼは、通常は細胞膜などで隔てられているんだけど、ぶつけたり、切ったりしてリンゴの細胞が傷つくと、混じりあう。すると、ポリフェノールオキシダーゼが働き、ポリフェノールは酸素とくっついて茶色くなる。だから、すりおろしたリンゴはすぐ茶色くなるというわけ。

リンゴを茶色くしないためには、「ポリフェノールが酸素とくっつかないようにする」、もしくは「ポリフェノールオキシダーゼを働かないようにする」必要がある。ポリフェノールオキシダーゼは塩化物イオン（Cl^-）があると、働きにくくなる。だから、塩化物イオンがたくさん含まれた食塩水に入れると、茶色くなりにくい。

酸素は、ポリフェノールよりもビタミンCとくっつきやすい。そのため、レモン水のようにビタミンCがたくさん含まれているものに入れると、茶色くならない。それどころか、一度茶色くなってしまったリンゴでも、ビタミンC入りの液体の中に入れておけば、もとの色に戻る！

ポリフェノールオキシダーゼはタンパク質なので、加熱すると立体構造が変わってしまい、ポリフェノールと酸素をくっつけることができなくなる。だから、加熱したリンゴは茶色くならない。

ポリフェノール
無色でいい奴だよ！
ポリフェノールオキシターゼ
O_2
え♡ ホント？
ポリフェノールオキシターゼ
友達になってよかった♡
ポリフェノール
O_2
ポリフェノールオキシターゼ
O_2
ポリフェノール
わーい！
ビタミンC
ビタミンC
わーいっ！
わーい！
ビタミンC
O_2
ビタミンC
ポリフェノール
ポリフェノールオキシターゼ
…行ってしまったね。

おもしろ科学実験 No.21 難易度 ★★

①すっぱくなると固まるよ

日本で牛といえば、白と黒のまだら模様のホルスタインだよね。実際に日本の乳牛の98％はホルスタイン。ホルスタインは乳量が多くなるように改良されていった牛で、1年間に5000リットル以上も牛乳をだす。つまり、1日に15リットル程度もおっぱいがでる!!　ちなみに年間2万リットル以上（1日に55リットル以上）だすスーパーカウと呼ばれる牛もいるんだって。まさにスーパー！

ホルスタインは水をたくさん飲む。大体1日に75リットル飲むんだって。だから、おしっこの量もすごい。そして主食は草。いくら草を消化できるといっても、全部を消化できるわけではないから、糞の量もすごい。牛舎の掃除って、大変だろうな……。

牛乳からはヨーグルト、バター、そしてチーズといった乳製品が作られる。チーズというと、「カビを用いて、何年も熟成して作る」というイメージがあるけど、短時間でできるチーズもある。それがリコッタチーズ。パスタにあえてもいいし、ハチミツをかけたりしてデザートとして食べてもおいしいよ。

この実験で学べること

タンパク質の構造変化。牛乳中のタンパク質のカゼインはpHが下がると、固まる。

②リコッタチーズを作ろう！

★材料

牛乳：500ml、生クリーム：50ml、レモン汁：大さじ2、塩：ひとつまみ

★必要なもの

鍋、おたま、箸、目の細かいざる

★作り方

①. 鍋に材料を全部入れて、箸で塩が溶けるように箸でよく混ぜる

②. 弱火にかける。そのあとはあまりかき混ぜない

③. しばらくして白い固まりがふわっと浮いてきて、その下の液体が透明になったら火を止める

④. 浮いている白い固まりを、おたまですくって、ざるにあげる

⑤. 自然に水気を切って、常温まで冷ませばできあがり

★豆知識

白い固まりが「リコッタチーズ」。業務用は牛乳の中のホエー（乳清）という成分を使って作られているんだって

材料

- 牛乳500ml
- 生クリーム50ml
- レモン汁 大さじ2
- 塩ひとつまみ

牛乳
500ml
塩
ひとつまみ
塩がとける
ように
よく まぜる.
生クリーム
50ml
レモン汁
大さじ2
弱火に
かける
白い 固まり
止める.
液体が
透明に なったら
ざるで 自然に 水気を きる.
リコッタチーズ

③どうして牛乳が固まったの？

牛乳から作られるものは、牛乳中の脂肪（乳脂肪）を利用して作るものと、タンパク質（乳タンパク質）を利用して作るものに分けることができる。バターや生クリームは乳脂肪を利用して作られる。一方、チーズやヨーグルトは、乳タンパク質を利用して作られる。

タンパク質は、アミノ酸がずらっとつながっているもの。アミノ酸は、かならずカルボキシル基（$-COOH$）とアミノ基（$-NH_2$）という部分をもつ。隣りあわせのアミノ酸のカルボキシル基とアミノ基がくっつきあって、ずらっと長くつながっていったのがタンパク質。

カルボキシル基やアミノ基は、溶液中で水素イオン（H^+）や水酸化物イオン（OH^-）と、くっついたり離れたりする。そのため、タンパク質は溶液のpHによって、性質が変わってしまう。

牛乳のpHは6.6～6.8の弱酸性。この中では、乳タンパク質は数十個から数十万個の分子が集まって、粒となって散らばって存在するものが多い。ここにレモン汁（pH 約2.0）を入れて酸性にすると、タンパク質が粒で存在していることができなくなり、どんどんくっついていってしまい、ひとかたまりになる。その固まりの中には、水分や乳脂肪などが取り込まれている。だから、リコッタチーズはみずみずしい。

ヨーグルトができるのも、同じしくみ。牛乳に種ヨーグルト（乳酸菌や酵母）を入れると、牛乳中の糖分が分解され、乳酸が生成される。乳酸ができると酸性になる。このため乳タンパク質が固まり、ヨーグルトは固体になるというわけ。

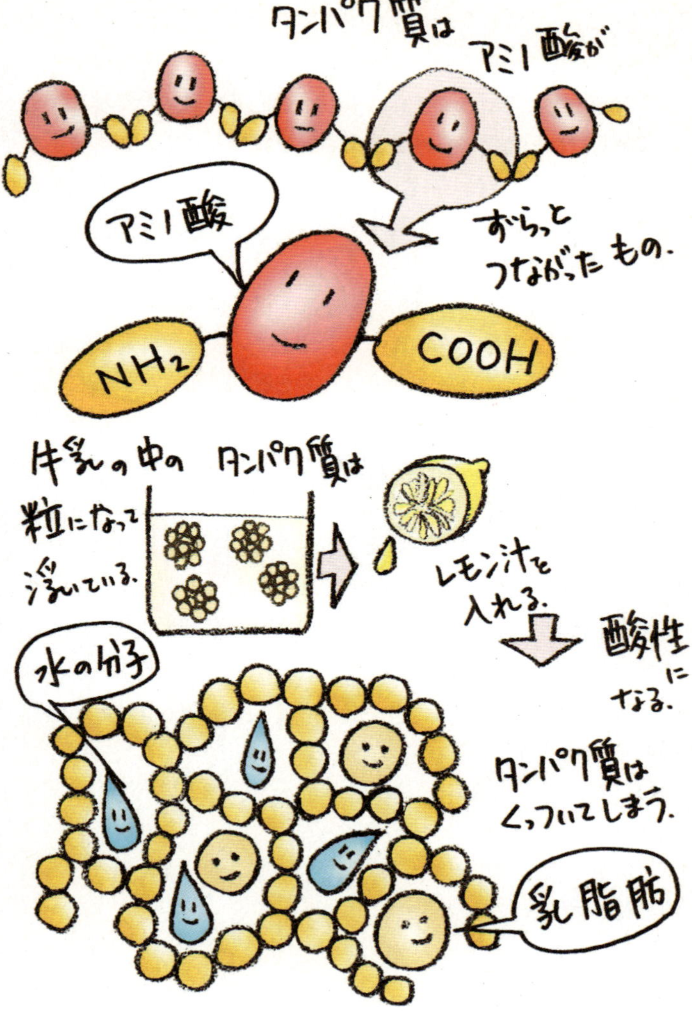
タンパク質は
アミノ酸が
ずらっと
つながったもの。
アミノ酸
NH_2
COOH
牛乳の中のタンパク質は
粒になって
浮いている。
レモン汁を
入れる。
酸性
になる。
水の分子
タンパク質は
くっついてしまう。
乳脂肪

おもしろ科学実験 No.22 難易度 ★★★

①水と油を混ぜるには？

仲が悪いたとえとして使われる「水と油」。普通はどんなに混ぜても、混じり合わない。油と水をいっしょに入れて、よく混ぜると白っぽくなって「混ざったかな？」と思うんだけど、そのまま放っておくと、また水と油に分かれてしまう。確かに仲が悪い(*^_^*)。

でも、洗剤を使うと、油汚れも水で流せるようになる。あたり前のようなことだけど、これって実はすごいこと。洗剤は油分子を包み込んで、水に分散させているんだよ〜。

洗剤のように油分子を包み込んで水に分散させることができるようなもののことを、「界面活性剤」という。界面活性剤っていう薬品があるのではなく、「水の中で油を包み込むことができる。そして油の中で水を包み込むことができる」ような物質全部を界面活性剤というんだって。卵黄の中にも、牛乳の中にも、界面活性剤は含まれている。血液の中の赤血球にも、界面活性剤が含まれているんだよ。

マヨネーズは界面活性剤の働きなしには作れない。自分で作ったマヨネーズっておいしいんだけど、油の量がすごいことがわかるので、ダイエット中には食べたくなくなる……。

この実験で学べること

水と油が混ざる理由。界面活性剤は、1つの分子中に水分子にくっつく部分と油分子にくっつく部分があるので、油を包み込んで、水の中に分散させることができる。

②マヨネーズを作ろう！

★材料

卵黄：1個分、酢：大さじ1、サラダ油：180ml、
マスタード：小さじ1、塩：小さじ1、こしょう：少々

★作り方

①. ボールに卵黄、マスタード、塩、こしょうそれぞれ全量とお酢大さじ半分を入れ、泡立て器で均一になるまでよく混ぜる
②. 油を大さじ1杯程度入れて、また均一になるまでよく混ぜる
③. 混ざったら、油を少しずつ入れてよく混ぜる
④. 油全量を混ぜ合わせたら、ぽってりするまでよく混ぜる
⑤. 残りの酢を混ぜる

★ワンポイント

- 一度に油をたくさん入れて混ぜようとすると、分離してしまう。糸状にたらすように、少しずつ入れて！
- 酢は最初に全量入れるのではなく、最初と最後に分けて入れること！
- 機能性オイルだと固くならないことがあるので、サラダ油でやってね

材料

- 卵黄 1個分
- 酢 大さじ1
- サラダ油 180ml
- マスタード 小さじ1
- 塩 小さじ1
- こしょう 少々

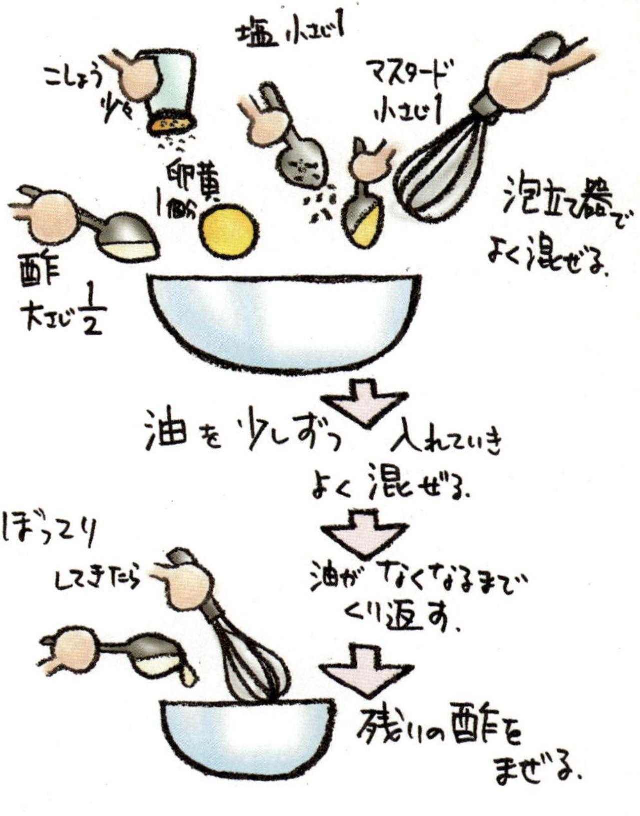
塩 小さじ1
こしょう 少々
マスタード 小さじ1
卵黄 1個分
泡立て器でよく混ぜる。
酢 大さじ$\frac{1}{2}$
油を少しずつ入れていき よく混ぜる。
ぽってりしてきたら
油がなくなるまでくり返す。
残りの酢をまぜる。

③どうして水と油が混ざったの?

水分子と油分子はくっつかない。多くの物質は、「水分子にくっつくけれど、油分子にはくっつかない」、もしくは「油分子にはくっつくけれど、水分子にはくっつかない」のどちらか。でも、水分子とも油分子ともくっつくことができるという物質もある。こういう物質が「界面活性剤」で、卵黄の中のレシチンもその1つ。

レシチンの分子の中には、水分子にくっつく部分と油分子にくっつく部分がある。レシチンを水に入れると、水分子にくっつく部分を外側、油分子にくっつく部分を内側にして球状になる。反対に油の中では、油分子にくっつく部分を外側、水分子にくっつく部分を内側にして球状になる。水の中に油とレシチンがあると、レシチンは油を内側に包み込んで、水の中に分散する。マヨネーズの材料は酢よりも油のほうがずっと多いんだけど、分子レベルでみると、水の中にレシチンに包まれた油が浮いている状態。

マヨネーズを作るとき、いきなり油と酢(水分)を混ぜようとしても、絶対に混ざらない。まずは酢と卵黄をよく混ぜて、レシチンを働きやすくするのがポイント。そうすれば、あとから入れた油がレシチンに包み込まれやすくなるからね。

レシチンは、酸性になると働きが抑制されてしまう。だから、最初から酢を全量入れずに、まず半分入れて、油がレシチンに包まれた状態になってから、残りの半分の酢を加えたほうが上手にマヨネーズを作れるよ。

卵黄
の中に
レシチンが
あります。
油と仲良しの手
水と仲良しの手

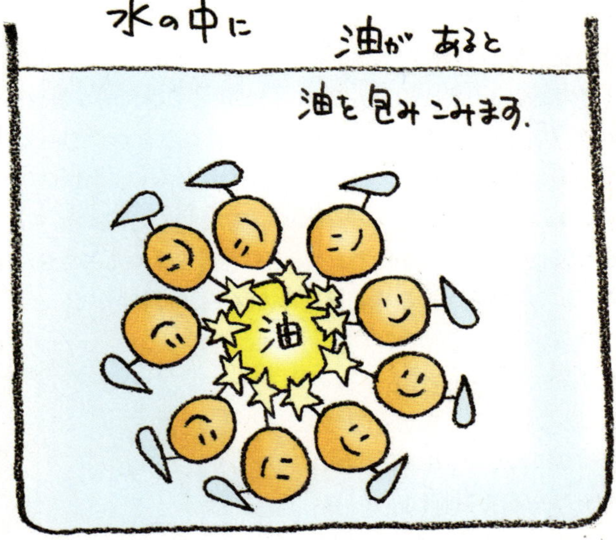
水の中に
油が あると
油を包みこみます。
油

おもしろ科学実験 No.23　難易度 ★★
①振って、振って！

「食べてすぐ寝ると牛になる」っていうけど、確かに牛って、くちゃくちゃしながら横になっているイメージ。でもそれには、ちゃんと理由があるんだよ。

牛には胃が4つある。食べ物が最初に入る第1胃の大きさは、成牛の場合150～250リットル！　大きい!!　この中にはたくさんの微生物がいて、牛が食べた草を発酵・分解している。人間の胃では草の食物繊維をほとんど消化できないけど、牛の場合は、第1胃の中にいる微生物のおかげで、食物繊維を50～80％も消化することができる。

で、牛が横になってずーっとくちゃくちゃしているのは、この大きな第1胃と口の間で、食べ物が行ったりきたりしているから。第1胃で消化されかかったものを、口に戻して物理的な刺激によりバラバラにして、また第1胃に戻すということをやっている。怠けているわけではないし、眠っているわけではない。「食べてすぐ寝ると牛になる」って、牛に失礼かも。牛がずっとくちゃくちゃして草を消化しているおかげで、私たちは牛乳を飲めるんだもんね。

さて、しぼりたての牛乳を容器に入れて振り続けると、バターができる。でも、市販されている牛乳をいくら振っても、バターはできない。じゃあ、家でバターを作るにはどうすればよいか？

生クリームを振ればバターができる！　高価なバターになるけど、おいしいよ。

この実験で学べること

牛乳中の脂肪の状態変化。脂肪球膜によって水中に脂肪が分散されている。脂肪球膜が壊れると、脂肪同士がくっついてしまう。

②バターを作ろう！

★材料

純乳脂肪分40％以上の生クリーム：200ml、塩：少々

★必要なもの

ふたつきの広口瓶

★作り方

①. 広口瓶を冷凍庫で冷やしておく

②. 生クリームは冷蔵庫で冷やしておく

③. ①を冷凍庫から取りだしたらすぐに生クリームと塩を入れ、ふたを閉める

④. 10分程度振る

⑤. 固まりができてきたら完成

★ワンポイント

- **10分間振り続けなくても、途中で休んでも大丈夫。休んでいる間は、冷蔵庫に保存しておいて！**
- **乳脂肪は38℃ぐらいで溶けてしまう。室温が高い場合には、保冷剤などで瓶の周りを冷やしながら作ってね**

材料
・純乳脂肪分40%以上の生クリーム 200ml
・塩 少々
ふた付きの広口ビンは「冷凍庫」
冷やしておく。
生クリームは「冷蔵庫」で
冷蔵庫から取りだしたらすぐに
塩 少々
生クリーム 200ml
ふたを閉める。
10分ほどふる。
休みながらふってOK
固まりができたら完成。
ボールのまわりを氷水で冷やします。
ハンドミキサーでまぜてもできます。

③どうしてバターになったの？

牛乳は水の中に乳脂肪、乳タンパク質、カルシウムなどいろいろなものが溶け込んでいる液体。ふつう、脂肪は水と混じらないんだけど、乳脂肪は界面活性剤（マヨネーズの150ページ参照）である脂肪球膜という特殊な膜で保護されているので、水の中に混ざることができる。

ふつうの牛乳の乳脂肪量は4%程度。生クリームとして売られているのは、乳脂肪が35%とか40%に濃縮されたもの。

生クリームを泡立て器で混ぜると、脂肪球膜で囲まれた乳脂肪が網目構造を作り、その間に空気が入る。これが、生クリームが泡立った状態。

でも、脂肪球膜は物理的な刺激に弱く、強く振り続けたり、混ぜ続けたりすると、壊れてしまう。脂肪球膜が壊れると、乳脂肪はもともと水に溶けない脂肪なので、液体の中に混じっていることができなくなり、乳脂肪同士で固まってしまう。これがバター。

しぼりたての牛乳からはバターができるけど、市販の牛乳からはいくら振ってもバターはできない。これはなぜだろう？

乳脂肪は脂質であるため、水よりも軽い。そのため、しぼった牛乳をそのまま放置しておくと、乳脂肪は上のほうに集まり、乳脂肪同士が固まって分離してしまう。商品として、これでは困る。そこで市販されている牛乳は、ホモジナイズ（均質化）という処理により、乳脂肪を非常に小さくして乳脂肪同士が固まらないようしてある。だから、市販の牛乳ではバターを作ることができない。

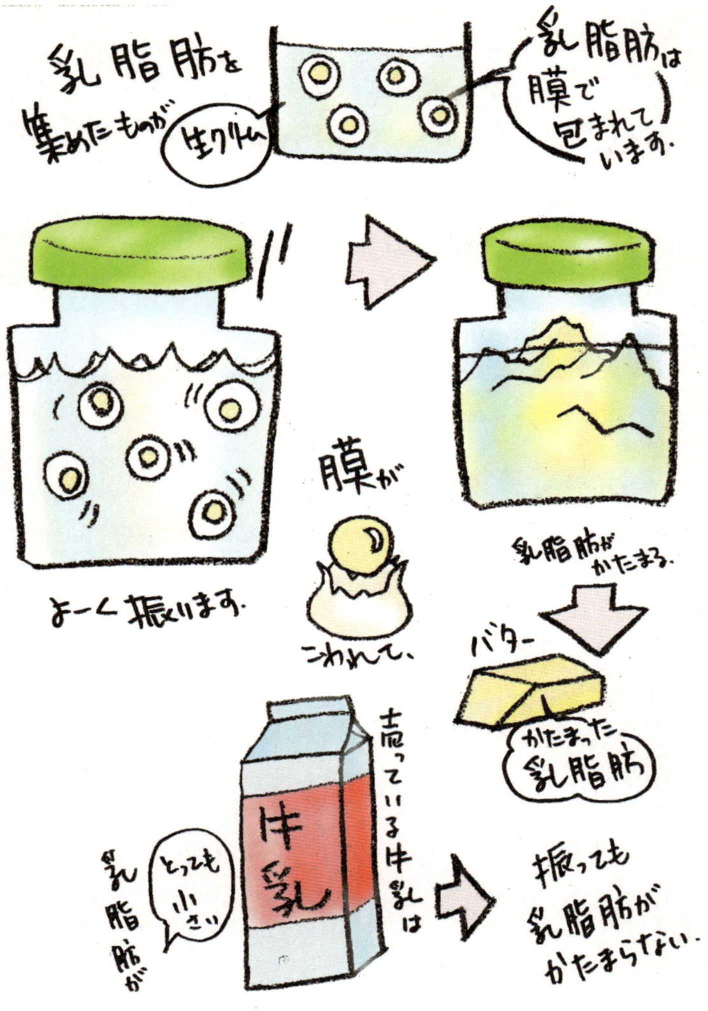
乳脂肪を集めたものが
生クリーム
乳脂肪は膜で包まれています。
よーく振ります。
膜がこわれて、
乳脂肪がかたまる。
バター
かたまった乳脂肪
売っている牛乳は
牛乳
乳脂肪が
とっても小さッ
振っても乳脂肪がかたまらない。

おもしろ科学実験 No.24 難易度 ★★☆

①分解できるんです

日本ではやわらかくて脂肪の多い牛肉が好まれる。だから、脂肪の交ざりぐあいが多い霜降肉が人気。

一方、欧米では赤身のほうが好まれる。これは摂取量の違いによる。霜降肉は赤身の約1.3倍のカロリー。アメリカの牛肉消費量は日本の4倍なので、霜降肉を食べていたら、すごいカロリーを摂ることになっちゃうよね～。

さて、日本で国産牛として売られている牛肉の多くは、肉牛ではなく乳牛であるホルスタイン。ミルクをだすことのできないオスや、年をとってミルクのでなくなったメスなどが「国産牛」になるんだって。

牛肉の中には「値段は安いんだけど、硬いんだよね」というものがある。そういうときはかたい肉をやわらかくする方法を試してみよう！

実験前

実験後

この実験で学べること

パイナップルの中のタンパク質分解酵素（プロテアーゼ）の働きにより、肉の中のタンパク質が分解される。

②肉をやわらかくしよう！

★材料

生のパイナップルをすりおろしたもの：100g、
ある程度の厚みがある牛肉：200g

★作り方

①. 肉を半分に切る
②. 肉の半分をパイナップルをすりおろしたものの中に浸し、もう半分はそのままにする
③. 冷蔵庫で3時間以上おく
④. フライパンでそれぞれの肉を焼いてみる

★ワンポイント

・肉は豚肉でも鶏肉でもよいが、ひき肉やこま切れ肉では差がわかりにくいので、塊の肉がよい
・パイナップルがついたまま焼いても、取り除いて焼いても、どちらでもOK！

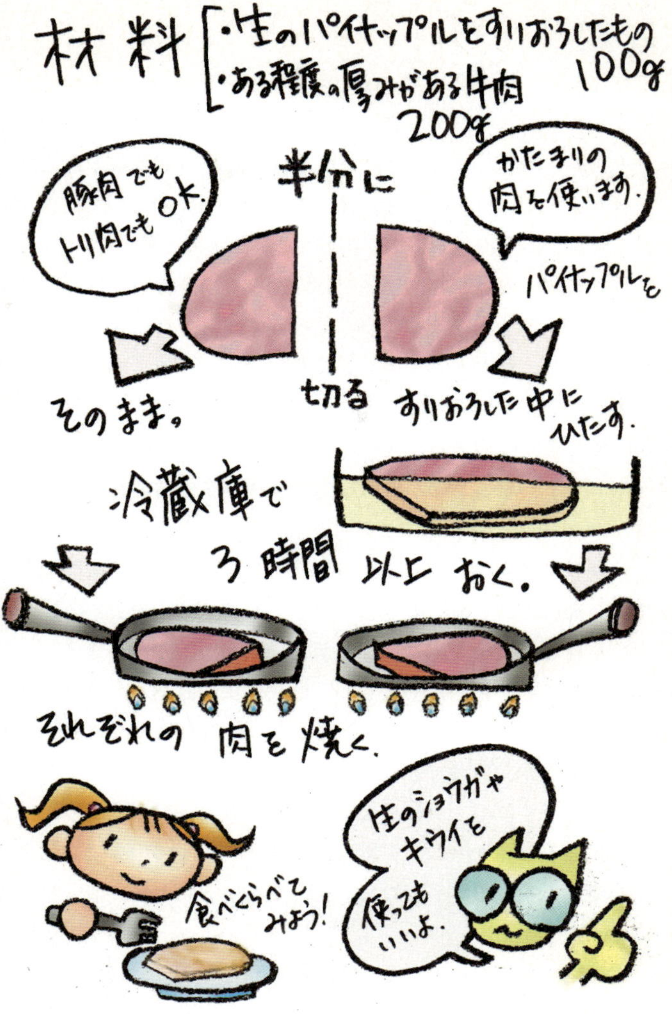
材料
・生のパイナップルをすりおろしたもの 100g
・ある程度の厚みがある牛肉 200g
豚肉でも トリ肉でもOK.
半分に
切る
かたまりの 肉を使います.
パイナップルを
すりおろした中に ひたす.
そのまま。
冷蔵庫で
3時間 以上 おく。
それぞれの 肉を焼く.
食べくらべて みよう!
生のショウガや キウイを 使っても いいよ.

③どうして肉がやわらかくなったの?

肉の主成分はタンパク質。タンパク質はアミノ酸がずらっとつながった大きい分子なので、そのままでは腸内で吸収することができない。タンパク質分解酵素(プロテアーゼ)によって、タンパク質が細かく切断されると、吸収できるようになる。

プロテアーゼは動物の腸内だけではなく、植物の中にも存在する。特にパイナップルやパパイヤなどには、タンパク質を分解するプロテアーゼが非常に多く含まれている。パイナップルに漬けておいた肉がやわらかくなったのは、パイナップルの中のプロテアーゼにより肉のタンパク質が分解されたから。

プロテアーゼもタンパク質なので、加熱すると構造が変わってタンパク質を分解することができなくなる。だから、缶詰のパイナップルや加熱処理されているパイナップルジュースに肉を漬けても、肉はやわらかくならない。

でも、なんで植物の中にプロテアーゼがあるんだろう? これは、どうやら防虫のためらしい。植物は虫に食べられそうになっても、逃げることができない。だから、植物はたくさん食べると虫が死ぬとか、成長できなくなるというような物質をたくわえている。そうすれば、虫にその植物全体を食べられてしまうということはなくなるからね。実際に、パイナップルの中のプロテアーゼを蛾の幼虫に食べさせたら、死んでしまったという研究結果もあるんだよ。

じゃあ、人間にもなにか害があるのかといえば、通常食べる量なら問題ない。虫の大きさと人間の大きさは全然違うからね。

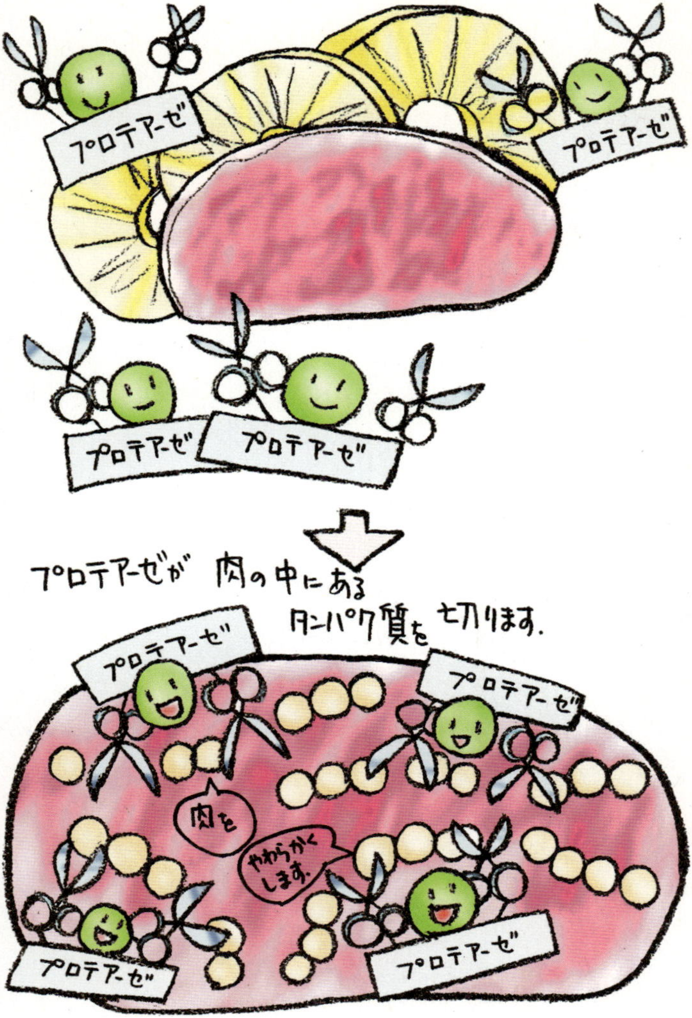
プロテアーゼ
プロテアーゼ
プロテアーゼ
プロテアーゼ
プロテアーゼが 肉の中にある タンパク質を 切ります。
プロテアーゼ
プロテアーゼ
肉を
やわらかくします。
プロテアーゼ
プロテアーゼ

第5章

キッチンでLet’s Try
～和食編～

なにげなく食べているアサリやキノコ。よ～く観察してみたことってある？　身近なものでも、じっくり観察して、実験をしていくと「へー！」という驚きが生まれ、科学への興味が広がっていく。私たちの周りには科学がたくさん。さあ、今日も楽しく科学しよう！

おもしろ科学実験 No.25 難易度 ★

①緑を茶色にするには?

日本ではお茶といえば緑茶だけど、ほかの国ではそうではない。世界の茶の生産量の75％を占めるのは紅茶で、緑茶は20％。「中国ではお茶といえば烏龍茶なんだろうな」と思っていたけど、実際には一部の地域でしか飲まれていないんだって。

緑茶と紅茶と烏龍茶、色や味は違うけど、すべて同じ種類のお茶の葉からできている。茶葉を加熱して発酵を止めた不発酵茶が緑茶、一部を発酵させたものが烏龍茶、完全に発酵させたものが紅茶になる。

発酵というと納豆とかヨーグルトとか菌を使ったものを想像するけど、お茶の場合の発酵というのは「茶葉の中のカテキンなどが酵素で変化すること」で、菌を使うわけではない。

さて、発酵させたものを発酵させない状態に変えるのは無理だけど、発酵を途中で止めたものを、あらためて発酵させるのは可能。ということは、緑茶を紅茶に変えることができるということ。

茶葉を発酵させて、香りも味もよい品質のよい紅茶にするためには、実際にはいろいろな技術が必要。でも、緑茶の色を緑から茶色に変えるだけなら、家でも簡単にできる。香りや味は、紅茶にはならないんだけどね。

実験前

実験後

緑茶に
りんごを 入れると
おほほっ
たちまち
紅茶？

この実験で学べること

ポリフェノールオキシダーゼにより、カテキンが酵素とくっつくとテアフラビンとなり茶色くなる。

②緑茶を紅茶に変えよう！

★材料

緑茶、リンゴ

★必要なもの

底が白い小さめの皿：2つ

★実験してみよう！

①. 2つの皿にそれぞれ緑茶を大さじ1杯入れる

②. 片方にリンゴを薄く切ったものを浸す

③. 1時間ほど放置する

★ワンポイント

・ペットボトルのお茶は変色を防ぐため、ビタミンCを入れるなどの処理がしてある。そのため、この実験には向かない

・ほかにもバナナ、ナシ、ブルーベリーなど、いろいろな果物でも実験してみてね

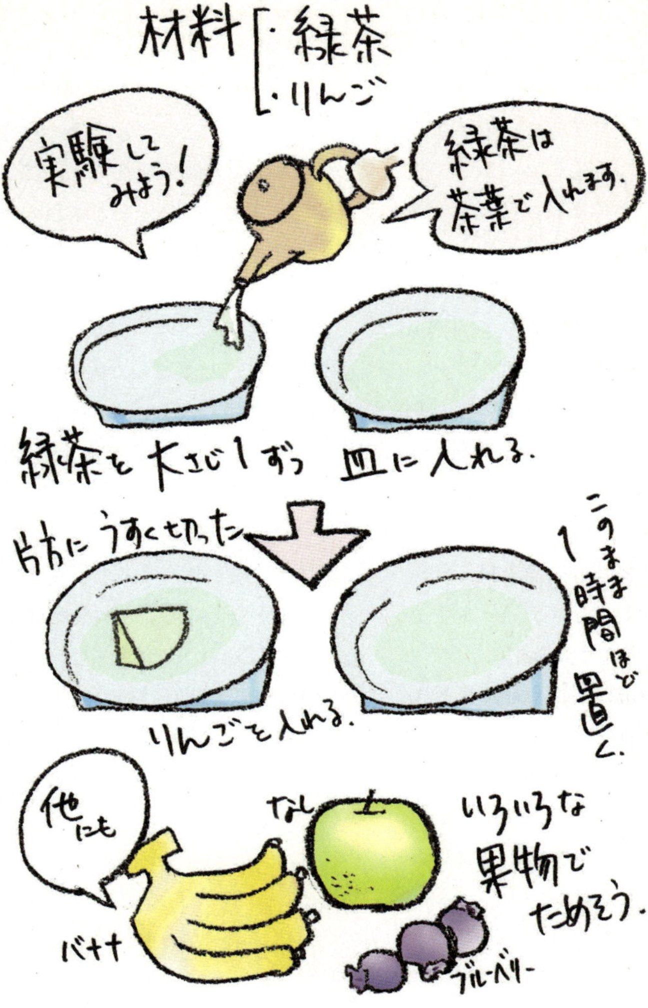
材料
・緑茶
・りんご
実験してみよう！
緑茶は茶葉で入れます。
緑茶を大さじ1ずつ皿に入れる。
片方にうすく切ったりんごを入れる。
このまま1時間ほど置く。
他にもいろいろな果物でためそう。
なし
バナナ
ブルーベリー

③どうしてお茶の色が変わったの？

ポリフェノールとは「ポリ＝たくさん」の「フェノール」という意味で、フェノールという分子を複数もった植物成分のこと。ほとんどの植物はポリフェノールをもつ。ブルーベリーなど紫色の果実に含まれるアントシアニンもポリフェノールだし、大豆に含まれるイソブラボンもポリフェノール。ポリフェノールの種類は5000種類を超えるんだって。

茶葉の中には、カテキンやテアニンなど70種類ものポリフェノールが含まれている。そして茶葉の中には、ポリフェノールオキシダーゼという酵素も入っている。カテキンは無色なんだけど、ポリフェノールオキシダーゼにより酸素とくっつくと、茶色いテアフラビンに変わっちゃう。

緑茶は茶葉を摘んでからすぐに加熱する。加熱すると、茶葉の中のポリフェノールオキシダーゼは働かなくなる。このため緑茶ではカテキンがテアフラビンに変わらなくなり、無色のまま。だから、緑茶は茶葉に含まれるほかの色素の色（緑色～黄色）となる。

紅茶は茶葉を摘んだあと、わざと傷つけ、ポリフェノールオキシダーゼを働きやすくする。すると、カテキンがテアフラビンになってしまうので、茶色くなる。

リンゴが茶色くなるのは、ポリフェノールオキシダーゼの働きでリンゴのポリフェノールが酸素とくっついたため（リンゴの138ページ参照）。じゃあ、リンゴのポリフェノールオキシダーゼはリンゴのポリフェノールだけに作用するのかというと、そうではない。緑茶の中のポリフェノールであるカテキンにも作用する。だから、緑茶の中にリンゴを入れたら、茶色になったというわけ。

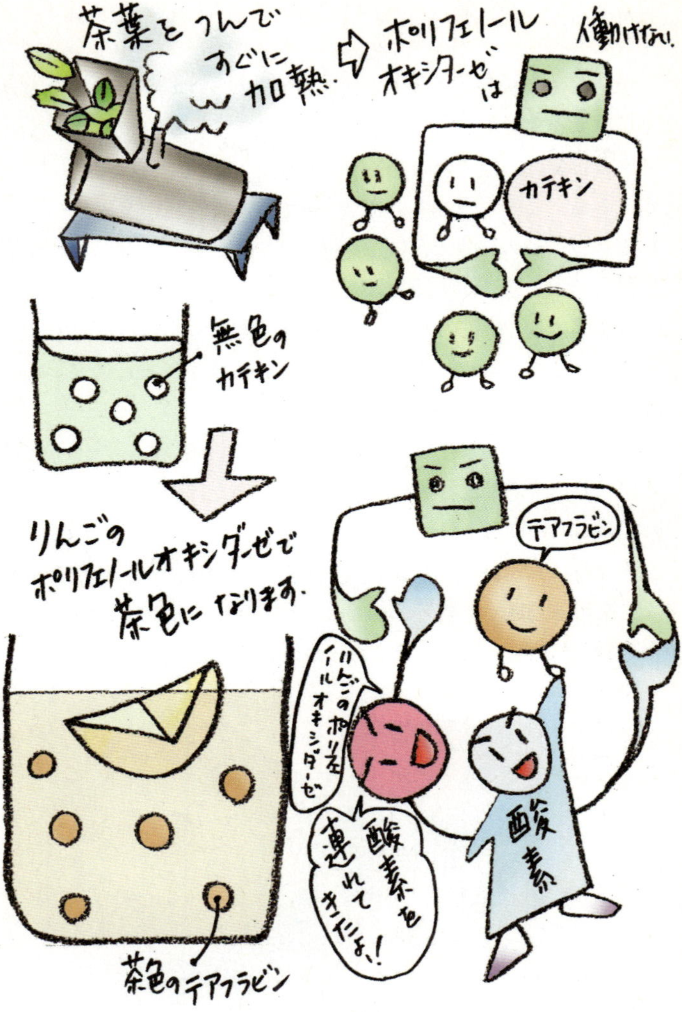
茶葉をつんで
すぐに加熱
ポリフェノールオキシダーゼは
働けない。
カテキン
無色のカテキン
りんごのポリフェノールオキシダーゼで茶色になります。
テアフラビン
りんごのポリフェノールオキシダーゼ
酸素を連れてきたよ！
酸素
茶色のテアフラビン

おもしろ科学実験 No.26 難易度 ★

①見えないけれどだしてます

木の幹や根元をよく見ると、キノコが生えていたりすることが多い。木から生えていて木の子どものようだから「木の子」。でも、キノコは実際には、木の子どものわけではない。

じゃあ、どうやってキノコは生えてくるんだと思う？

キノコは傘の部分で、胞子《ほうし》を作っている。胞子とは、植物でいえば種。この胞子が風で運ばれ、運よく木にくっつくと、そこで成長を始める。胞子の大きさは、1mmの数十から数百分の1ほど。飛んでいても、目には見えない。ともかく風まかせなので、ものすごい数の胞子を飛ばす。1日に数百万個とかね。

しいたけもキノコなので、胞子を作っている。しいたけを部屋の中においておくと、実はすごい数のしいたけの胞子が部屋を飛んでいることになる。

ちなみに、ふだん私たちが食べるしいたけは、コナラやクヌギなどを切った原木に胞子の固まりである菌床を植えつけて栽培したもの。天然のしいたけは、めったに見られない高級品！

タケノコは
父ちゃん！
竹の新芽
カズノコは　ニシンの卵
…母ちゃん
キノコは
木の子供じゃありません。
うふ
……

この実験で学べること

キノコの増え方と木の関係。しいたけも小さな胞子を放出していることを確認。

②しいたけの胞子を見てみよう！

★必要なもの

黒い紙、しいたけ

★やり方

①．しいたけの軸を切り取る

②．黒い紙の上に、切り口を下にしたしいたけをのせ、2日間ほど動かさないで放置する

③．静かにしいたけをもち上げると、白い模様が見える

★観察してみよう！

1．白い模様に息を吹きかけるとどうなる？　形が崩れる？

2．さわってみよう。どんな感じ？

★おまけ

観察が終わったしいたけは、干ししいたけにするのがおすすめ。しいたけを日が当たって、風通しのよいところに置いておくだけでいいんだけど、おいしさと栄養価がぐんとアップする

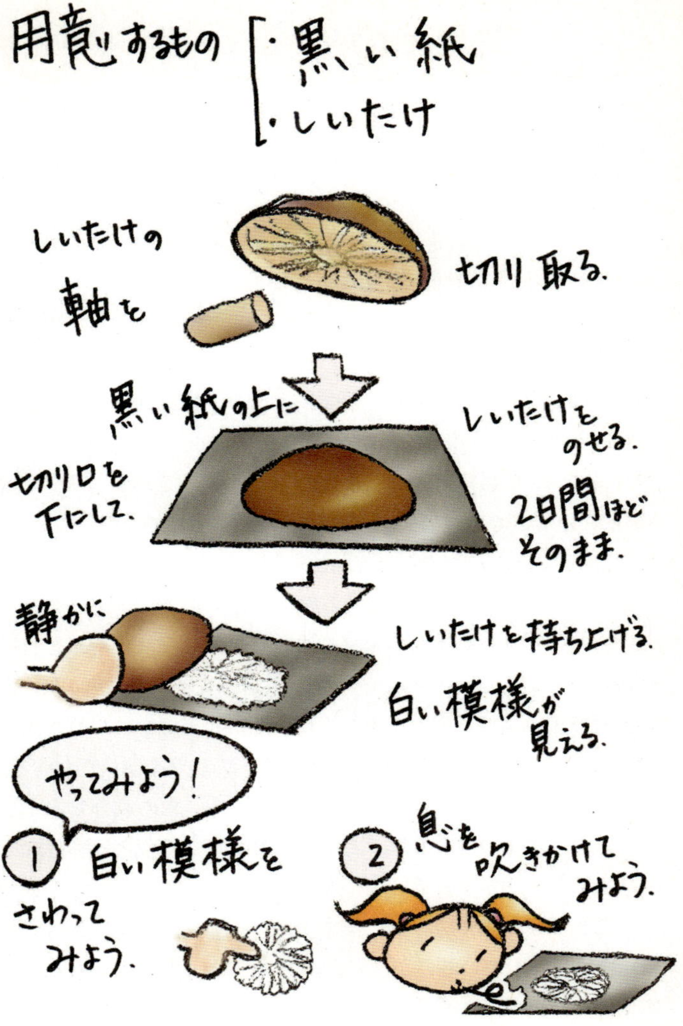
用意するもの
・黒い紙
・しいたけ
しいたけの軸を
切り取る。
黒い紙の上に
しいたけを
のせる。
切り口を
下にして、
2日間ほど
そのまま。
静かに
しいたけを持ち上げる。
白い模様が
見える。
やってみよう！
① 白い模様を
さわって
みよう。
② 息を
吹きかけて
みよう。

③キノコはどうして生えるの？

この実験でできた白い模様を「胞子紋《ほうしもん》」という。キノコの種類によって胞子紋の形は違うので、専門家は胞子紋の形でキノコの種類を見分けられるんだって。胞子が木にくっつくためには、粘着性が必要。だから、胞子紋はベタベタしている。

さて、キノコは葉緑体をもたず、光合成ができない。そのため、木から栄養分を吸収している。ほかの生物から栄養を得ているという点では、動物に近い。でも、キノコは動けないので、その点では植物に近い。だから、分類学的にはキノコは動物でも植物でもない「菌類」に分類されている。

キノコは2種類に分けることができる。生きている木に生える「菌根性のキノコ」と、枯れた木に生える「腐生性のキノコ」。マツタケは生きている松の根元に生える菌根性のキノコで、シイタケは枯れた椎《しい》やくぬぎの木に生える腐生性のキノコ。

どちらのキノコも木から栄養をもらうんだけど、ちゃんとお返しもしている。

菌根性のキノコは栄養をもらう代わりに、土の中のミネラル分などを集めて木に与えたり、病害虫の木への攻撃を防いだりする。

腐生性のキノコも、木にお返しをしている。木の成分であるリグニンやセルロースなどは、とても分解されにくい。分解されないまま枯れ木がずっとその場にあると、新しい木が生えてくることができない。リグニンやセルロースを分解し、栄養分として土に還す役割をしているのが、腐生性のキノコ。栄養分の多い土で、木は育つ。倒れたら腐生性キノコにより分解され、栄養分として土に還る。循環しているねえ。

胞子が
木にくっつく。
木から栄養をもらっている。
菌根性のキノコ
腐生性のキノコ
虫をよせつけない。
ミネラル
ミネラル
ミネラル
木にミネラルを与える。
セルロースやリグニンを分解
栄養分にして土にかえす。
リグニン
セルロース

おもしろ科学実験 No.27　難易度 ★

①アサリはおいしいだけじゃない！

家庭でとても簡単にでき、とてもおもしろい生態観察…それはアサリの砂抜き！　生きているものを買ってきて調理する機会って、あまりないけど、アサリは別。スーパーで売っているアサリに「活あさり。砂抜きをしてください」と書いてあったりするように、アサリはたいてい、生きているものを売っているよね。

潮干狩りに行ってアサリがいる場所を探すには、2つ並んだ小さい穴を探すといいんだって。アサリには海水を取り込む「入水管」と、海水を吐きだす「出水管」がある。活きのいいアサリだと、先端が茶色っぽい2本の管が貝殻の外にでているよね。それが入水管と出水管。ひげのような突起がたくさんついていて、太いほうが入水管。アサリは砂の中にもぐっていて、入水管と出水管をだけを砂の上にだしたり引っこめたりしている。だから、小さな穴が2つ空いているところの下にはアサリがいるというわけ。

実験前

実験後

この実験で学べること

アサリによる海水の浄化作用。アサリの性質。

②アサリを観察しよう！

★必要なもの

アサリ、水、塩、底が平たい容器：3つ

★観察してみよう

貝殻をよく観察し、年齢を推測する。太い線と線の間が1年！

＜実験1＞アサリは塩分を感じるか？

①. 水500mlに対し、

1.塩小さじ1を入れた食塩水

2.塩大さじ1入れた食塩水

3.塩大さじ2を入れた食塩水の3種類の食塩水を作る

②. 容器にアサリを何個かずつ入れ、アサリがひたひたにつかるくらいまで、上記の食塩水を入れる（アサリが重なり合わないように注意！）

③. 暗いところに置き、20分後ぐらいに、どの容器に入れたアサリがいちばん活発に動いているかを観察する

＜実験2＞アサリは明るいところと暗いところ、どちらが好きか？

①. 実験1のアサリを懐中電灯で照らす

＜実験3＞取り込み実験（アサリのイキがよくないとダメ）

①. 海水濃度と同じくらいにした食塩水に米のとぎ汁を少し入れ、白濁させる

②. その中にアサリを入れて2時間ほど放置。水の色はどうなる？

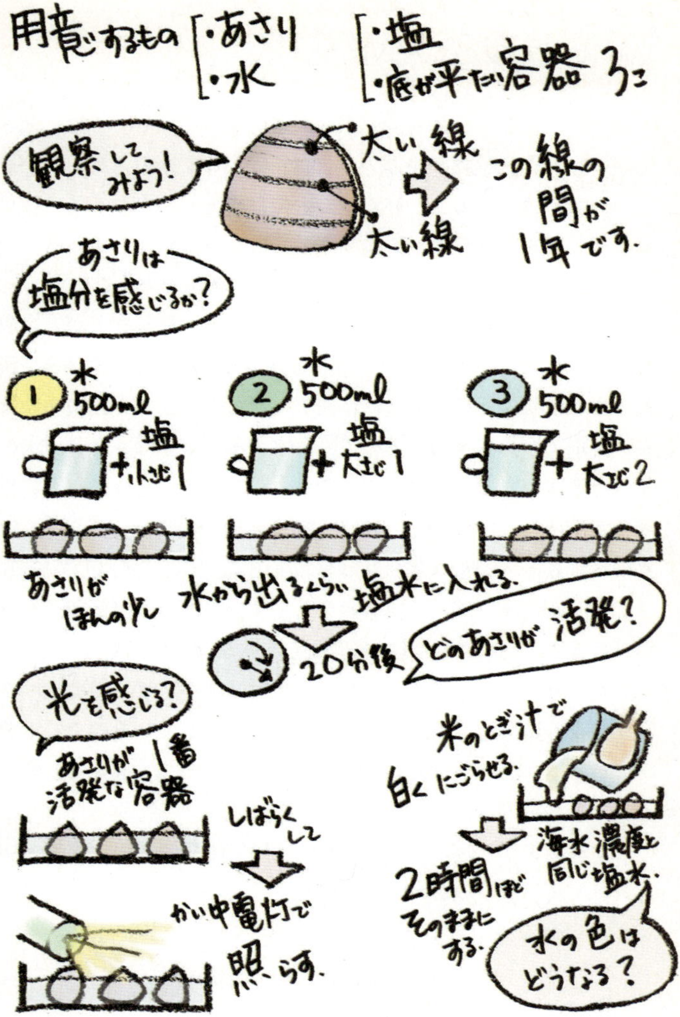
用意するもの
・あさり
・水
・塩
・底が平たい容器 3こ
観察してみよう!
太い線
太い線
この線の間が1年です。
あさりは塩分を感じるか?
1 水 500ml
塩 + 小さじ1
2 水 500ml
塩 + 大さじ1
3 水 500ml
塩 + 大さじ2
あさりがほんの少し水から出るくらい塩水に入れる。
20分後
どのあさりが活発?
光を感じる?
あさりが活発な容器 1番
しばらくして
かい中電灯で照らす。
米のとぎ汁で白くにごらせる。
海水濃度と同じ塩水。
2時間ほどそのままにする。
水の色はどうなる?

③アサリはどうして水をだすの？

アサリの貝殻は、毎日少しずつ大きくなっている。でも、食べ物が多い春と食べ物が少ない冬では、貝殻のできるスピードが違う。貝殻をよく見ると、いくつかの境目があるのがわかる。境目となっているところは、冬に成長したところ。冬はちょっとずつしか大きくならないので、その部分は模様の線が太くなる。

海水中に有機物が増えすぎると海水が濁り、海藻などが光合成をすることができなくなってしまう。アサリは海水を取り込み、餌となる有機物はそのまま体内に残し、餌とならない有機物や砂などは粘液で固めて排出するので、海水の濁りは少なくなる。米のとぎ汁を入れた水が透明になったのも、アサリが体内で有機物を固めて排出したから。1匹のアサリが1時間の間に吸って、吐く海水の量は1リットル！　アサリは海の浄化に、すごく貢献している。

アサリが「吸って、吐いて」をしやすいのは、海水と同じ塩分濃度のとき。海水濃度は約3％だから、水500mlに食塩大さじ1を入れたくらい。そして、アサリの天敵はヒトデ。ヒトデに見つからないようにアサリは砂の中に埋まって生活しているので、暗いところのほうが好き。突然明るくすると、「吸って、吐いて」をやめてしまう。明るさをちゃんと感じるんだね。

だから、アサリの砂抜きは、海水と同じ塩分濃度の食塩水の中に入れて暗くするのがいいんだって。

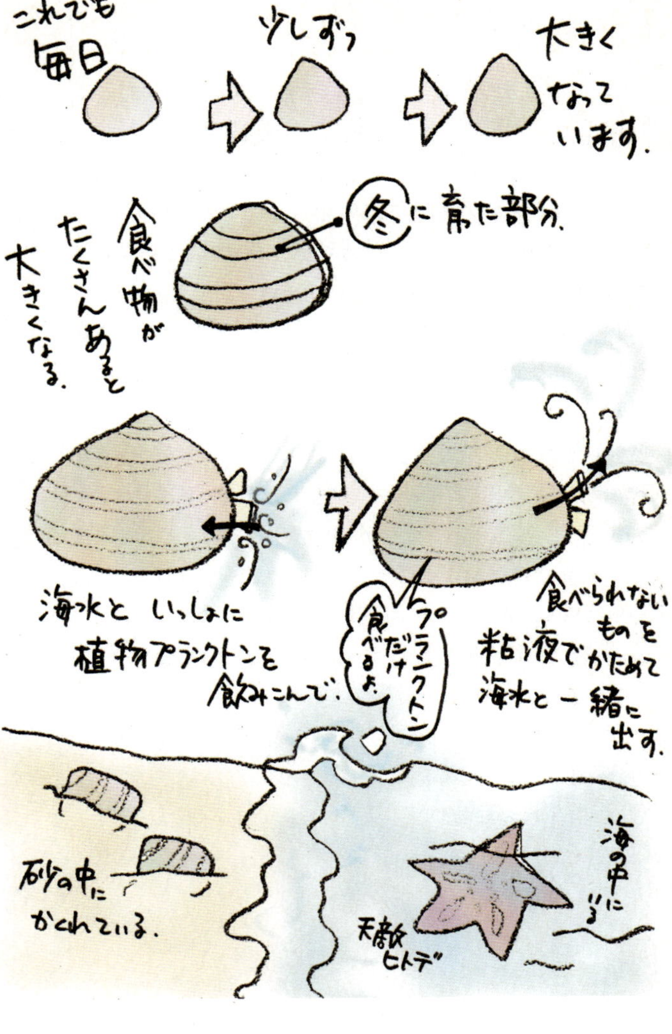
これでも
毎日
少しずつ
大きく
なっています.
食べ物が
たくさんあると
大きくなる.
冬に育た部分.
海水といっしょに
植物プランクトンを
飲みこんで.
プランクトンだけ
食べるよ.
食べられないものを
粘液でかためて
海水と一緒に
出す.
砂の中に
かくれている.
天敵
ヒトデ
海の中に
いる

おもしろ科学実験 No.28 難易度 ★☆☆

①食中毒を防ぐ方法って!?

生の魚は腐りやすい。だから、冷蔵庫のないころは、塩や味噌に漬けたり、燻製にしたりして魚を保存していたんだよね。

じゃあ、冷蔵庫が普及して、食中毒自体が減ったかといえば、そうではないみたい。昭和40年の食中毒の発生件数は、1,118件で患者数は30,731人。平成18年の発生件数は1,491件。患者数は39,026人ということで、統計上はかえって増えている！

食中毒のいちばんの原因は、細菌の繁殖。食中毒の原因となる細菌が100万個くらいおなかの中に入ると、発症する可能性が高くなる。

細菌は分裂して増えるんだけど、この分裂のスピードがとても速い。食中毒の原因の細菌の1つである「腸炎ビブリオ」を分裂しやすい条件にしておくと、8分に1回分裂する。1個の腸炎ビブリオが3時間後には419万個 !!　O157は15分に1回分裂するので、6時間半後には同じく419万個に !!

夏場に食中毒が増えるのは、30℃ぐらいが細菌にとって分裂しやすい温度だから。

もしも食べ物の中に腸炎ビブリオが1個でもあり、室温に放置していたとしたら、3時間後には数百万個になっている可能性があるということ。気をつけよう！

腸炎ビブリオ
1個が
3時間後、
419万個!
速い!

この実験で学べること

細菌が繁殖する環境について。食品の中には自由水と結合水があり、自由水が少ないと、細菌は繁殖しにくい。

②味噌漬けを作ろう！

★材料

＜味噌床＞

味噌：200g、砂糖：大さじ2、みりん：大さじ2、酒：大さじ2

＜漬けるもの＞

鮭やさわらなどの切り身：4切れ

★必要なもの

ガーゼ、保存容器

★作り方

①. 味噌床の材料をよく混ぜて、均一にする

②. 魚の水気をふき取ったあと、ガーゼでくるむ

③. 保存容器に①の半分を広げ、その上にガーゼでくるんだ魚をのせる

④. 魚の上に残りの味噌床をのせて広げて、ふたをして冷蔵庫に保存する

2、3日目が食べごろ。1週間以内には食べ切るように！

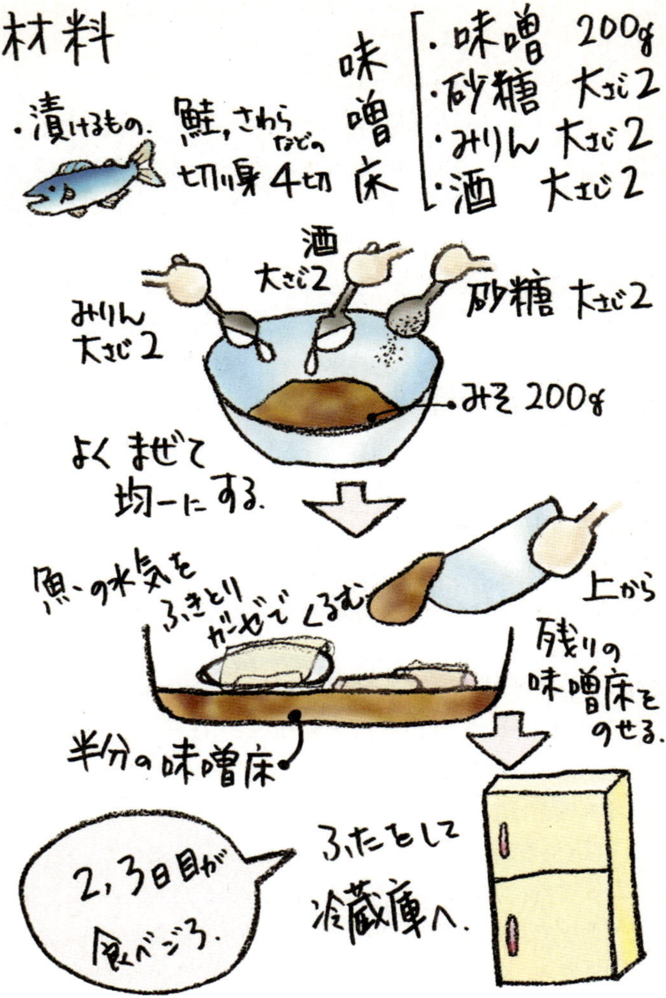
材料
・漬けるもの。鮭、さわらなどの切り身4切
味噌床
・味噌 200g
・砂糖 大さじ2
・みりん 大さじ2
・酒 大さじ2
酒 大さじ2
みりん 大さじ2
砂糖 大さじ2
みそ 200g
よくまぜて均一にする。
魚の水気をふきとりガーゼでくるむ
上から残りの味噌床をのせる。
半分の味噌床
ふたをして冷蔵庫へ。
2，3日目が食べごろ。

③どうして味噌漬けは日もちするの？

食べ物が腐る原因は、食べ物の中で食物を腐らす細菌（腐敗菌）が増えているから。腐敗菌は食品中のタンパク質などを分解するので、味やにおいなどが変化する。一方、食中毒を起こす細菌（食中毒菌）は、腐敗菌と違い、増えていても味やにおいが変わらない。腐敗菌が増える条件と、食中毒菌が増える条件は似ているので、腐った食べ物は食中毒菌が増えている可能性が高い。

細菌は環境によって増え方が異なる。まず、温度が－18℃よりも低いと、細菌は繁殖することができない。そして、100℃以上の高温になると死滅するものが多い。だから冷凍食品や高温殺菌されたものは、保存期間が延びるというわけ。pHによっても細菌の増え方は違う。pHが低い（＝酸っぱい）と、細菌は生育できない。だから、酢漬けしたものは長もちする。

そして細菌が繁殖するには水が必要。ほとんどの食品は水分を含んでいる。食品中の水分は、結合水と自由水に分けることができる。結合水というのは、食品中のほかの成分とくっついていて、ほとんど動けない水。自由水はほかの成分とはくっついていなくて、動き回れる水。細菌が使えるのは、自由水のほう。

魚を味噌漬けにすると、味噌床の中の糖分や塩分などが魚の中に入り込む。糖分や塩分は魚の中の自由水とくっついて、結合水にしてしまう。魚の中の自由水は味噌床のほうに移ってしまう。というわけで、細菌が使える自由水が減って、細菌が増えることが難しくなり、保存期間が延びることになる。ま、冷蔵庫が普及した現在、味噌漬けにする大きな理由は、おいしくなるからだけどね。

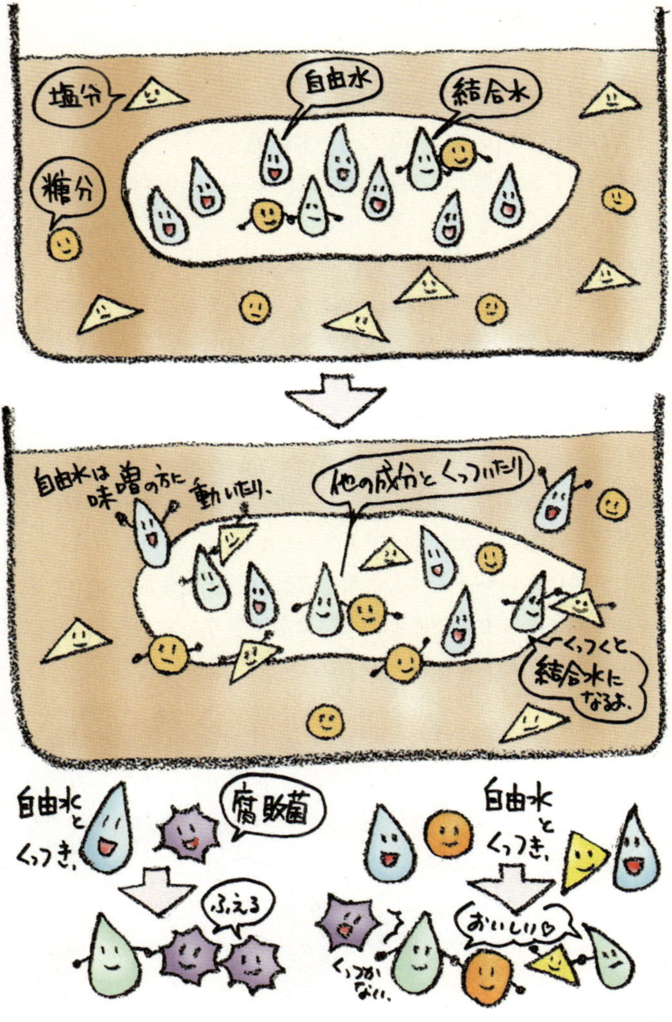
塩分
自由水
結合水
糖分
自由水は味噌の方に動いたり、
他の成分とくっついたり
くっつくと、結合水になるよ。
自由水とくっつき、
腐敗菌
ふえる
自由水とくっつき、
おいしい♡
くっつかない。

おもしろ科学実験 No.29 難易度 ★★
①塩がポイント！

食べ物には、その国のお国事情ってでるよね。海に囲まれた日本と森の多いドイツでは、食文化が全然違う。

日本には、魚の加工品の種類がたくさんある。魚肉に食塩を入れて粘りをだしたものを、蒸してかまぼこにしたり、串に刺して焼いてちくわにしたり、揚げてさつま揚げなどにしている。

一方ドイツには、豚肉の加工品がたくさんある。血液を入れたブラッドソーセージや、舌を入れたタンソーセージなども一般的なんだって。日本では食塩といえば、海水から取った塩をイメージするけど、ドイツでは岩塩が一般的。で、ソーセージを作るときには海水塩ではなく、岩塩のほうがいい。なぜかというと、岩塩には硝酸成分が含まれていて、ソーセージの色をきれいなピンクにしてくれる。海水塩ではこうはならない。

さつま揚げもソーセージも、塩を入れると変化するタンパク質の性質を利用したものだけど、材料は全然違う。食べ物って、ほんと、その国を表すよね〜。

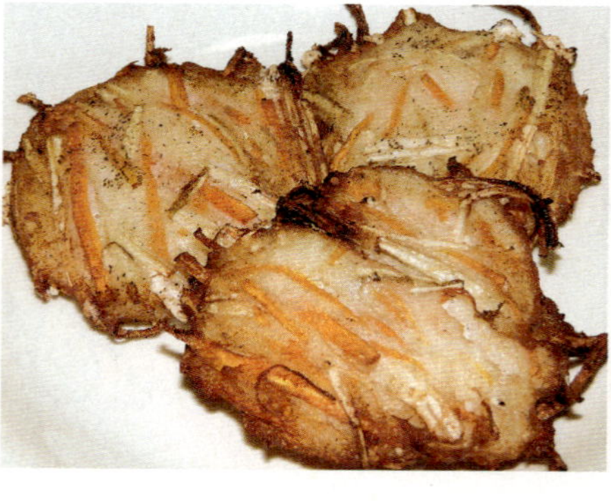

肉食動物の巻
ライオン
ガー
ガー
トラ
ソーセージは大好きだけど…
次はヒョウだよ！
かんべんしてくれ…。

この実験で学べること

タンパク質の構造変化。魚のタンパク質のミオシンは食塩が入ると溶けるようになり、お互いにからまって網目構造を作る。

②さつま揚げを作ろう！

★材料

白身魚の切り身：100g、塩：2g、卵白：1個分、
料理酒：大さじ1、ごぼう：30g、にんじん：30g

★必要なもの

サラダ油、揚げ物用鍋、フードプロセッサー

★作り方

①. 魚の骨や皮を取り除き、氷水に30分ほどさらす
②. 水洗いして水をしっかりとふき取る
③. フードプロセッサーに①と塩、卵白、料理酒を入れて粘りがでるまで混ぜたあと、1時間ほど冷蔵庫で休ませる
④. ごぼうとにんじんを細切りにする
⑤. ③と④を混ぜたあと、直径5cm程度、厚さ1cm程度に形作り、中温の油で揚げる

★豆知識

③を蒸せば、かまぼこ。芯になるものに巻きつけて、直火で焼けばちくわになるんだって

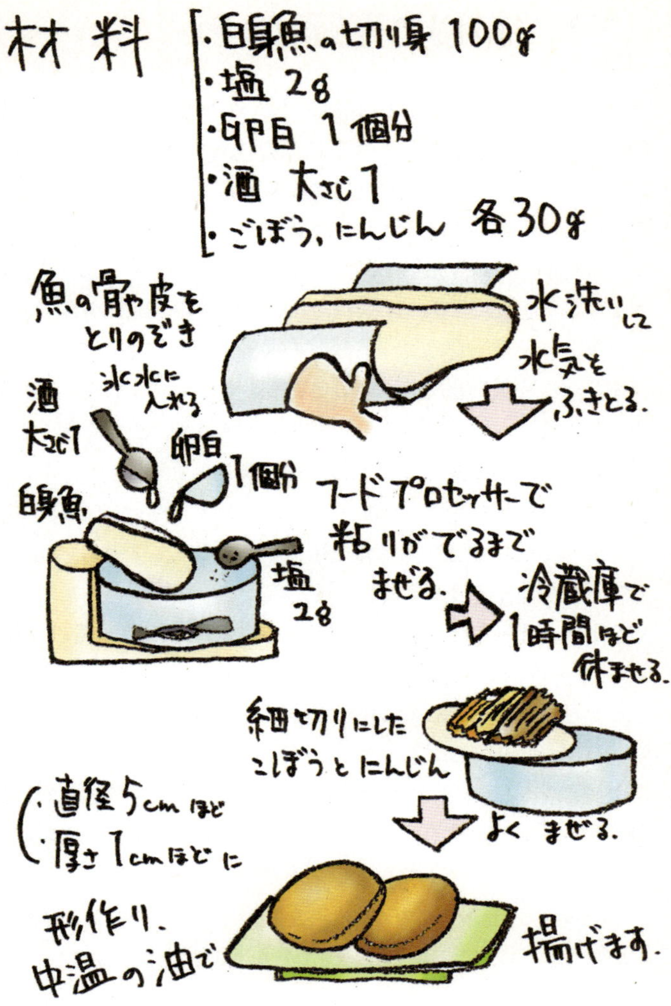
材料
・白身魚の切り身 100g
・塩 2g
・卵白 1個分
・酒 大さじ1
・ごぼう、にんじん 各30g
魚の骨や皮をとりのぞき
水洗いして
水気をふきとる。
酒 大さじ1
氷水に入れる
卵白 1個分
白身魚
塩 2g
フードプロセッサーで粘りがでるまでまぜる。
冷蔵庫で1時間ほど休ませる。
細切りにしたごぼうとにんじん
よくまぜる。
・直径5cmほど
・厚さ1cmほどに
形作り。中温の油で
揚げます。

③どうして塩を入れると粘りがでるの？

魚肉や食肉は、もともとは骨にくっついて体を作ったり、体を動かしたりする「骨格筋」。骨格筋は約70％が水分で、約20％がタンパク質。このタンパク質には数十種類あるんだけど、いちばん多いのはミオシン。ミオシンはアクチンというタンパク質といっしょに働いて、骨格筋を動かす。いま、この本をもっていることができるのも、ミオシンとアクチンが働いているおかげ。

さて、ソーセージとさつま揚げの共通点はなにか？　それは、ミオシンの性質を利用しているところ。ミオシンは水には溶けないけど、食塩水には溶ける。ミオシンは頭の部分が丸くなっていて、尻尾の部分が長いおたまじゃくしのような形をしている。食塩水に溶けだしたミオシンは、ミオシン同士でからまりあう。

魚肉や食肉に食塩を入れると粘りがでるのは、ミオシンが溶けでて、からまりあうようになったから。これを加熱すると、ミオシンがからまったまま固まるので、中に水などが閉じ込められ、弾力のある「肉団子」状態になる。

ちなみに食肉は、たんに死んだ動物の骨格筋というわけではない。動物が死んでしばらくたつと、死後硬直が起こる。このときはすべてのミオシンとアクチンがガシッとくっついているので、非常に硬い。この状態では、硬くて食べるのが大変だし、味もちっともよくない。5℃ぐらいでしばらく熟成すると、ミオシンとアクチンが離れるし、いろいろなタンパク質が分解されてアミノ酸などが増える。こうなったのが、やわらかくておいしい食肉。

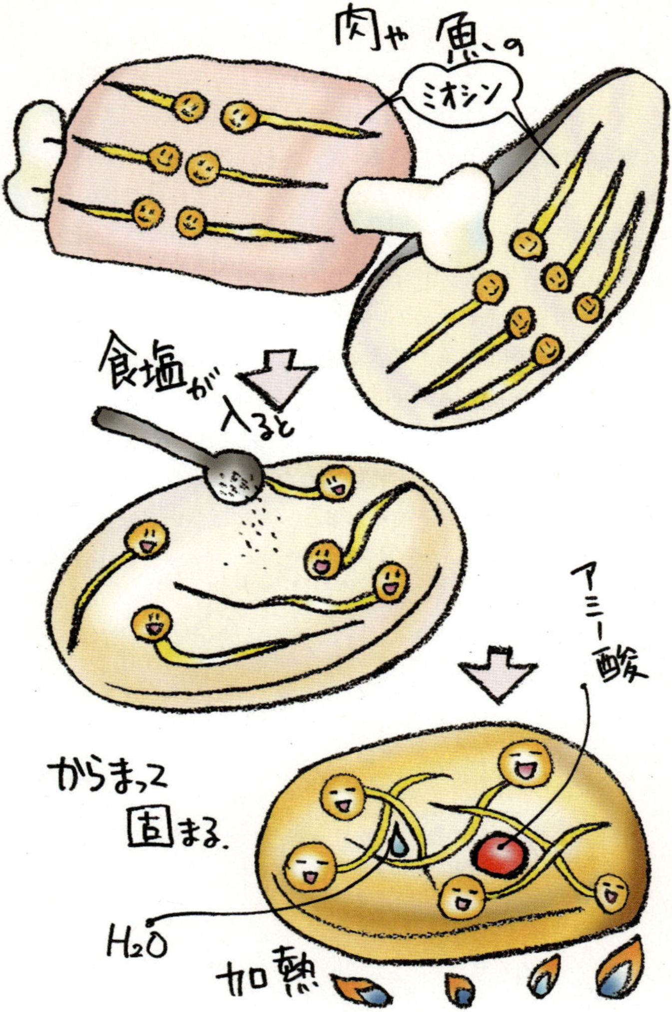
肉や魚の
ミオシン
食塩が入ると
アミノ酸
からまって固まる。
H_2O
加熱

おもしろ科学実験 No.30 難易度 ★★☆

①赤身魚と白身魚の違い

五目寿司などにふりかける「桜でんぶ」って、よーく見るとすごく細かい繊維が固まっている。でんぶは、白身魚の身から作られているんだって。赤身魚からは、でんぶを作るのは難しい。

白身魚とはヒラメやタイなど切り身の色が白いもののことで、赤身魚とはマグロやカツオなど切り身の色が赤いもののこと。そして、切り身の色を決めているのは、筋肉の種類とその割合。すばやく動く筋肉は速筋《そっきん》、動きは速くないけれども、持久力のある筋肉は遅筋《ちきん》と呼ばれる。速筋は白く、遅筋は赤い。

たとえばヒラメは、砂にもぐって生活している。そのため、持久力は必要ない。でも、敵に襲われたときには、すばやく逃げることが必要。そのため、速筋が多く、魚肉は白い。一方、マグロはずっと泳ぎ続けるので、持久力が大事。そのため遅筋が多く、魚肉は赤い。

スピードは ないけど、
「遅筋《ちきん》」には
持久力が あります。
ふむ。
これが本当の「チキン」だな。

この実験で学べること

ミオグロビンの働きと、その量による肉の色の違い。ミオグロビンが多いと赤く、少ないと白くなる。

②でんぶを作ろう！

★材料

白身魚切り身：100g、みりん：大さじ1、砂糖：大さじ1

★必要なもの

鍋、箸、すりこぎ、すり鉢

★作り方

①. 鍋に白身魚とかぶるくらいの水を入れ、火にかける。沸騰後2分ほどゆでる

②. 魚を取りだし、骨と皮を取り除く

③. すり鉢に②とみりんと砂糖を入れ、すりこぎでするようにして、身をほぐす

④. 電子レンジ（強）で3分ほど加熱して水分を飛ばす（ラップはしないで！）

材料
- 白身魚の切り身　100g
- みりん　大さじ1
- 砂糖　大さじ1

白身魚がかぶるくらいの水
なべに入れる。
沸とう後、2分ほどゆでる。
魚から骨と皮をとりのぞく。
すり鉢に入れる。
みりん大さじ1
砂糖大さじ1
すりこぎで身をほぐす。
電子レンジ（強）で3分ほど加熱。
水分をとばしましょう。

③肉の色はどうやって決まるの？

魚の肉や動物の肉が赤色をしているのは血液のせいではなく、赤い色素をもつミオグロビンというタンパク質が筋肉の中にあるため。

動物は、呼吸により酸素を取り込む。すると、赤血球の中にあるヘモグロビンに酸素がくっつく。そして、酸素はヘモグロビンにくっついたまま血管の中を流れ、体の各部分に届けられる。

筋肉が動くためには、酸素が必要。ヘモグロビンが運んできた酸素を受け取り、筋肉の中にためておくのがミオグロビン。ミオグロビンが多いということは、ためておける酸素の量が多いということで、長時間、筋肉が動き続けることができるということ。

ちなみにクジラは、筋肉中のミオグロビン量がとても多い。クジラは30分以上も水にもぐるので、酸素をたくさんたくわえておく必要があるんだよね。

動きは速くないけれども持久力のある「遅筋」には、ミオグロビンが多いので赤くなる。動きが速くあまり持久力がない「速筋」は、ミオグロビンが少ないので白い。

ミオグロビンは、酸素をくっつけていないときは暗い赤紫色だけど、酸素をくっつけると明るい赤色になる。こま切れ肉を買ってくると、重なっていた部分の肉の色が悪くなっていることがある。でも、空気に触れさせるとほかの部分と同じ色になるのは、ミオグロビンが酸素をくっつけたから。

白身魚は加熱するとタンパク質がバラバラになり、でんぶ状になる。赤身魚には、加熱すると固まってしまうタンパク質が多く含まれている。そのため、でんぶ状にするのは難しい。

白身の魚
すばやく 動きます。
白くなる。
ミオグロビンが少ない。
赤身の魚
長い時間 泳げます。
赤くなる。
ミオグロビンが多い。
血管
ヘモグロビン
さんそ
ヘモグロビン
さんそ
ヘモグロビン
さんそ
さんそ
さんそ
ミオグロビン
ミオグロビン
さんそ
さんそ
ミオグロビン
酸素が たくさん。
持久力のある
遅筋
ミオグロビン
が
たくさん。

あとがき

　子どもが2歳くらいのころ、いつでもどこでも、ひんぱんに「なんで？」と聞かれました。世の中のいろいろなことに対して疑問を抱き、答えを探る姿勢は、まさに「科学者」。私たちはみんな、本当は科学が大好き。身がまえることなく、気楽に実験を楽しんでください。

＜謝辞＞

　読者のみなさま、この本を手に取っていただきまして、ありがとうございました！　初対面なのに突然「科学実験の本をだしたいんです！」といいだした私に、動じることなく（？）企画の段階から執筆まで、さまざまなサポートをいただいたサイエンス・アイ編集長の益田様。本当にありがとうございました。原稿に対して、的確に温かく、そして時に厳しくアドバイスしてくれた多くの友達のみなさま。どうもありがとうございました。イラストを担当してくれた高橋より様、わかりにくいリクエストに見事に答えてくれて、ありがとう。おかげで楽しい実験本になりました。

　最後に、すべての実験の手伝い（？）＆味見をしてくれたわが息子と娘、そして実験の後片づけを積極的（？）にしてくれた夫。あなたたちがいたので、最後まで書きあげることができました。本当にどうもありがとう！

科学の楽しさを体感し、科学に興味をもち、
生活や考え方に科学をプラス。
いっしょに科学を楽しみましょう!

サイエンスプラス　尾嶋好美

http://www.scienceplus.co.jp/

今回、イラストを描きながら、
科学の知識がどんどん増えて、とても楽しかったです。
このような機会を与えてくださり、
本当にありがとうございました。

高橋より *illustrator*
yo1ro *assist*

http://yoriart.exblog.jp/

《参考文献》

『茶の科学』　村松敬一郎編（朝倉書店、1991年）

『新農産物利用学』　加藤博通ら共著（朝倉書店、1989年）

『食品学総論』　加藤保子編（南江堂、1991年）

『畜産加工』　細野明義・鈴木敦士著（柴田書店、1999年）

『お菓子『こつ』の科学』　河田昌子著（日本交通公社出版事業局、1986年）

『電子レンジ『こつ』の科学』　肥後温子著（日本交通公社出版事業局、1986年）

『料理の技を科学するキッチンは実験室』　Peter Barham（丸善、2003年）

『食品学各論』　沖谷明紘ら編（朝倉書店、1996年）

『食物科学のすべて』　P.M.ゲイマン・K.B.シェリトン著（マグロウヒル、1993年）

『カソウケン（家庭科学総合研究所）へようこそ』　内田麻理香著（講談社、2005年）

『科学でわかる料理のツボ』　左巻健男・稲山ますみ著（学研、2008年）

『理系　化学精説』　河合塾化学科編（河合塾、1991年）

『田部の生物Iをはじめからていねいに』　田部眞哉著（ナガセ、2007年）

『身のまわりで学ぶ生物のしくみ』　Wisdom96監修　青野裕幸・桑嶋幹編著（秀和システム、2006年）

『ガリレオ工房の身近な道具で大実験』　滝川洋二・石崎喜治編著（大月書店、2001年）

『スーパーカード図鑑海の生きものさかな』　品川 明監修・文（交通新聞社、2006年）

『Science Experiments You Can Eat』　Vicki Cobb著（HarperTrophy社、1994年）

《参考ＨＰ》

食品成分データベース
http://fooddb.jp/

GLORY HOLE　食の民
http://contest2.thinkquest.jp/tqj2003/60532/food/index.htm

海をまもるアサリの驚異のパワー
http://mirabeau.cool.ne.jp/shiohigari/kenkyu.html

紅茶ポリフェノール成分について
http://www.ph.nagasaki-u.ac.jp/lab/natpro/blacktea.html

理科実験特集
http://www.manabinoba.com/index.cfm/4,5690,149,html

the Lawrence Hall of ScienceGEMS
http://lawrencehallofscience.org/GEMS/

索　引

英数字

あ

か

さ

た

な

は

ま

ら

サイエンス・アイ新書 発刊のことば

science・i

「科学の世紀」の羅針盤

20世紀に生まれた広域ネットワークとコンピュータサイエンスによって、科学技術は目を見張るほど発展し、高度情報化社会が訪れました。いまや科学は私たちの暮らしに身近なものとなり、それなくしては成り立たないほど強い影響力を持っているといえるでしょう。

『サイエンス・アイ新書』は、この「科学の世紀」と呼ぶにふさわしい21世紀の羅針盤を目指して創刊しました。情報通信と科学分野における革新的な発明や発見を誰にでも理解できるように、基本の原理や仕組みのところから図解を交えてわかりやすく解説します。科学技術に関心のある高校生や大学生、社会人にとって、サイエンス・アイ新書は科学的な視点で物事をとらえる機会になるだけでなく、論理的な思考法を学ぶ機会にもなることでしょう。もちろん、宇宙の歴史から生物の遺伝子の働きまで、複雑な自然科学の謎も単純な法則で明快に理解できるようになります。

一般教養を高めることはもちろん、科学の世界へ飛び立つためのガイドとしてサイエンス・アイ新書シリーズを役立てていただければ、それに勝る喜びはありません。21世紀を賢く生きるための科学の力をサイエンス・アイ新書で培っていただけると信じています。

2006年10月

※サイエンス・アイ(Science i)は、21世紀の科学を支える情報(Information)、知識(Intelligence)、革新(Innovation)を表現する「i」からネーミングされています。

SoftBank Creative

science·i

サイエンス・アイ新書

SIS-073

http://sciencei.sbcr.jp/

家族《かぞく》で楽《たの》しむおもしろ科学実験《かがくじっけん》

キッチンで作《つく》って・食《た》べて・科学《かがく》する

2008年 7 月24日 初版第1刷発行
2012年 2 月28日 初版第3刷発行

著　　者　尾嶋好美《おじまよしみ》
発 行 者　新田光敏
発 行 所　ソフトバンク クリエイティブ株式会社
〒106-0032　東京都港区六本木2-4-5
編集：科学書籍編集部
03(5549)1138
営業：03(5549)1201
装丁・組版　クニメディア株式会社
印刷・製本　図書印刷株式会社

ISBN 978-4-7973-4355-7

SoftBank Creative